Fritz Leimbach

64000 Seemeilen Kaperfahrt

Erlebnisse eines Matrosen auf dem Hilfskreuzer Wolf

Fritz Leimbach

64000 Seemeilen Kaperfahrt

Erlebnisse eines Matrosen auf dem Hilfskreuzer Wolf

ISBN/EAN: 9783954271344
Erscheinungsjahr: 2012
Erscheinungsort: Bremen, Deutschland

© *maritimepress in Europäischer Hochschulverlag GmbH & Co. KG, Fahrenheitstr. 1, 28359 Bremen. Alle Rechte beim Verlag und bei den jeweiligen Lizenzgebern.*

www.maritimepress.de | office@maritimepress.de

Bei diesem Titel handelt es sich um den Nachdruck eines historischen, lange vergriffenen Buches. Da elektronische Druckvorlagen für diese Titel nicht existieren, musste auf alte Vorlagen zurückgegriffen werden. Hieraus zwangsläufig resultierende Qualitätsverluste bitten wir zu entschuldigen.

FRITZ LEIMBACH

64000 Seemeilen Kaperfahrt

Erlebnisse eines Matrosen

1937

West-Ost-Verlag Werner Jöhren · Berlin SW 61

VORWORT

64000 Seemeilen Kaperfahrt sind erzählt von einem, der dabei war. Nicht einer der verantwortlichen Offiziere kommt hier zu Wort, sondern ein einfacher Torpedoheizer. Einer der Tausende, deren stille Pflichterfüllung der ewige Stolz und die Ehre des deutschen Volkes bleiben.

Die schlichte, markige Sprache, die einfache, sachliche und schmucklose Darstellung geben dem Büchlein einen eigenen Reiz. Diese Eigenart ist deshalb bei der Herausgabe sorglich geschont worden.

So hört der Leser wohl im Geiste mit, was heute oft in stillen Abendstunden ein Vater seinen Jungen erzählt von dem großen Krieg, und von dem Anteil, den er selbst daran nehmen durfte; von dem Kampf und der Not, aber auch vom Erfolg und den Freuden des Marinesoldaten unter der Führung eines Mannes, der „ein Offizier war, wie er sein soll".

Inhalt

Vorwort	5
Einleitung	7
Vorbereitung zur Ausfahrt	9
Die Ausfahrt	15
Im Atlantischen Ozean	22
Äquatortaufe	26
Minen vor Kapstadt	29
Im Indischen Ozean	32
Der Kaperkrieg beginnt	38
Gekaperter Dampfer wird deutscher Hilfskreuzer	42
Das Ende des „Iltis"	47
Neue Erfolge des „Wolf"	49
„Wölfchen" kapert einen Dampfer	54
Australische Kriegshäfen werden verseucht	59
„Wölfchen" macht Bruch	62
Ein englischer Gouverneur wird „geschnappt"	66
Minen vor Singapore	71
Ein Japaner wird zur Ordnung gebracht	75
Der Heimat entgegen	80
Wieder im Atlantischen Ozean	84
Sturmfahrt durch den Nordatlantik	90
Die Heimkehr	96

Von Feinden umringt, sah Deutschland den eisernen Ring im Weltkrieg um sich geschlossen. Das stolze Albion verhängte die Hungerblockade über unser Land. England glaubte, die Sicherheit der Meere garantieren zu können. Es kontrollierte die Schiffahrt, um die Blockade wirksam durchzuführen. Seine unumschränkte Herrschaft zur See mußte durch Deutschland gebrochen werden.

Der U=Bootkrieg begann — zu spät vielleicht —, Hilfskreuzer mußten hinaus, um den Krieg auch in die entlegensten Teile der Weltmeere zu tragen. Minenlegen, Kaperkrieg zu führen, die feindliche Schiffahrt überall zu stören, das war ihre hauptsächlichste Aufgabe. Die Fahrten der „Möwe" und anderer Schiffe ließen erkennen, wie sehr sie diesen ihren Zweck erfüllten. Unser Admiralstab entschloß sich daher, weitere Hilfskreuzer auslaufen zu lassen.

Um auch den Laien begreiflich zu machen, was ein Hilfskreuzer ist, die nachstehende Erläuterung: Ein Hilfskreuzer ist ein gewöhnlicher Handelsdampfer, der, je nach Größe, mit entsprechenden Geschützen, Torpedorohren und Maschinengewehren ausgerüstet ist. Seine Armierung ist jedoch verdeckt, so daß der Hilfskreuzer das harmlose Aussehen eines Handelsdampfers hat.

Ende 1915 wurden die Hilfskreuzer „Wolf" und „Greif" in Dienst gestellt. Nach monatelanger Arbeit waren die Schiffe so weit, daß sie Ende Februar 1916 die Ausreise antreten sollten. Am 29. Februar 1916 liefen beide Schiffe mit entsprechendem Abstand aus. Schneetreiben und Kälte begünstigten eine ungesehene Fahrt. Lange sollte aber die Freude nicht dauern, denn gegen Mitternacht erhielt das Schiff einen kräftigen Stoß. Unser „Wolf" war auf eine Sandbank gefahren. Alle Bemühungen, das Schiff wieder flott zu machen, scheiterten, und es blieb uns nichts weiter übrig, als alle schweren Gegenstände von unserem Schiff zu entfernen. Durch Leuchtraketen konnten wir Hilfe herbeiholen. Es war ein Glück für uns, daß wir noch in der Nähe des Neuwerk-Leuchtturmes standen. Immer mehr legte das Schiff sich auf die Seite, und wir glaubten, jede Minute unseren „Wolf" zu verlieren. Auf Befehl wurde nur in Schwimmwesten an Deck gearbeitet. Was wir in dieser Nacht geleistet haben, das können nur diejenigen beurteilen, die selbst dabeigewesen sind. Am folgenden Tage kamen wir mit Hilfe eines Schleppers wieder frei und erreichten Hamburg.

„Greif", der seinen Weg allein fortsetzen mußte, wurde an der norwegischen Küste von englischen Kreuzern versenkt.

Vorbereitung zur Ausfahrt!

Nach einer kurzen Ruhepause wurde als Ersatz für den beschädigten Dampfer der ehemalige 8000-Tonnen-Dampfer „Wartfels" von der Bremer Hansa-Linie in Dienst gestellt. Dieses Schiff hatte eine Länge von 137 Meter und eine Breite von 17 Meter. Der Umbau erfolgte in der Wilhelmshavener Werft. Das Schiff wurde mit fünf 15-Zentimeter-Geschützen und mit zwei Torpedorohren bestückt. Die Besatzung bestand aus 350 Mann unter Leitung des bewährten Kommandanten, Korvettenkapitän Nerger. An Kohlen wurden etwa 100 000 Zentner übernommen. Für jedes Geschütz 250 Schuß Munition, 12 Torpedos, einige tausend Tonnen Wasser und Proviant für 15 Monate Fahrt. Minen sollten wir erst später dazu übernehmen.

Nach den gemachten Erfahrungen war die Spionage äußerst rege; denn es lag dem Engländer daran, unseren „Wolf" schon vor dem Atlantischen Ozean abzufangen. Es lag daher im eigensten Interesse jedes einzelnen Mannes der Besatzung, nichts über unser Schiff und seine Aufgabe zu erzählen. Tatsächlich wußte ja auch niemand, welche Aufgaben uns für die Zukunft gestellt waren. Man glaubt kaum, was für Parolen über unser Schiff im Umlauf waren. Später konnten wir darüber nur noch lachen. Unser ausgezeichneter Kommandant hatte es ja verstanden, alle die an der Nase herumzuführen, die sich sehr stark für uns interessierten; denn wir mußten „Geheimkommando" bleiben.

Endlich war unser „Wolf" soweit, daß wir mit Probefahrten, Schießübungen und allem, was zur Ausbildung der Besatzung gehörte, beginnen konnten. Im Frühjahr 1916 fuhren wir durch den Kaiser-Wilhelm-Kanal in die Ostsee. Unser Schiff führte nicht mehr den Namen „Wolf", sondern „Jupiter", um alle zu täuschen, die uns auslaufen sahen. Nach Beendigung der Schießübungen glaubten wir alle, die Fahrt würde endlich beginnen. Wieder sollte es aber anders kommen; denn der Engländer kannte unser Schiff bereits, und in einer englischen Illustrierten war der „Wolf" sogar schon abgebildet. Mit einem dem Engländer bekannten Schiff herauszufahren, war jedoch unmöglich. Daher wurde ein nochmaliger Umbau vorgenommen. So waren wir gezwungen, unsere 100 000 Zentner Kohle sowie alle Munition und Proviant wieder auszuladen. Über drei Wochen haben wir im Kieler Hafen gelegen, um diese Arbeit zu erfüllen. Mit Lust und Liebe sind wir darangegangen, zumal, da uns ein Heimaturlaub von drei Wochen während der erneuten Bauzeit zugesagt war. Es ging zurück nach Wilhelmshaven, wo Mitte September auch dieser Umbau durchgeführt war. Als wir vom Urlaub zurückkamen, staunten wir selbst, wie sich unser Schiff verändert hatte. Sieben 15-Zentimeter-Geschütze standen an Bord. Außerdem vier Torpedorohre. Eine solche Bewaffnung war schon zu fürchten. Der Schornstein konnte hoch- und tiefgestellt werden, die Maschinen waren zum Herunterlassen eingerichtet. Sogar eine Schleppvorrichtung für Unterseeboote war eingebaut worden. Alles Veränderungen, die wir erst später ausprobieren und ihre Vorteile erkennen sollten.

Wieder begann für uns die Übernahme von Kohlen und Proviant. Täglich rollten mehrere Eisenbahnzüge heran, schon zum drittenmal mußten wir nun die 100 000 Zentner umladen. Diesmal mußte die Arbeit noch schneller als vorher geschafft werden; denn es wußte jeder, daß der Tag der Ausreise bald kommen mußte. Im Sommer konnten wir an den Durchbruch nicht denken, da die Nächte zu kurz sind und wir nur lange Nächte gebrauchen konnten.

Erneut ging es nach Kiel zu unseren letzten Schießübungen, die drei Tage und drei Nächte dauerten und bei der Kälte recht anstrengend waren. „Klar Schiff zum Gefecht" wurde täglich geübt, denn unser Kommandant brauchte eine Besatzung, die mit allen Wassern gewaschen war und jeder Situation gerecht werden konnte. Unsere Besatzung bestand größtenteils aus ausgesuchten Leuten, unter denen fast alle Berufe vertreten waren.

Der Tag der Abfahrt rückte immer näher. Unser Kommandant begann nun mit seinen Täuschungsmanövern, um auch den gerissensten Spion an der Nase herumzuführen. Anfang November 1916 liefen wir in den Kieler Hafen ein und unternahmen täglich von dort Fahrten. Wir konnten noch Post absenden, doch erreichte diese erst die Empfänger, als wir bereits im Atlantischen Ozean schwammen.

Am 15. November 1916, wir lagen in der Ostsee vor Anker, meldete der Ausguckposten: Großer Dampfer an Backbord. Er brachte uns etwa 500 Minen, die zur Blockierung fremder Häfen bestimmt waren. Die Übernahme war in der Nacht beendet, und wir liefen am folgenden Tage wieder in Kiel ein. Von der Außenwelt waren wir jetzt vollständig abgeschlossen. An Land kam keiner mehr, um nicht doch in letzter Minute noch aus der Schule zu plaudern. Unser Schiff erhielt einen neuen Anstrich.

Am 23. November „seeklar", „Dampf auf allen Kesseln". Da dichter Nebel ausbrach, mußte die Ausfahrt wiederum verschoben werden. Anderntags zur Täuschung erneute Ausfahrt. Noch war Kiel in Sicht, da sollten mit einem Male Kohlen durch Selbstentzündung in Brand geraten sein. Das Ganze kehrt. Offene Signalsprüche an die

Landstation zur Herbeischaffung von Kähnen, um die Kohle wieder zu entladen. Zum Schein wurden tatsächlich auch einige Zentner herausgeholt. Alle diese Scheinmanöver konnten die beobachten, die sich besonders für uns interessierten. Wir haben es immer wieder erfahren, je offener wir vorgingen, um so besser klappte es.

Immer neue Scheinmanöver wurden in den folgenden Tagen bis Ende des Monats durchgeführt. In Kiel waren große Liebesgabensendungen, ja sogar Weihnachtsbäume aufgestapelt. Unser Kommandant aber verweigerte jedesmal die Aufnahme mit dem Bemerken, daß wir noch nicht rausführen, und daß erst Raum geschaffen werden müsse. Mit dem Platzschaffen hatte er wirklich nicht unrecht, denn jeder Winkel war ausgefüllt. Wir lagen bereits bedeutend tiefer, als die Lademarke am Schiff zeigte. In Friedenszeiten durfte ein so schwer beladenes Schiff einen Hafen überhaupt nicht verlassen. Bei uns ging es aber nicht anders. Wenn wir auch nicht wußten, wohin die Reise ging, nach den Vorreden zu schließen, mußte sie uns in alle Erdteile führen.

*

Endlich, am 30. November 1916, nachmittags um 4 Uhr, lüfteten sich die Schleier. „Alle Mann auf Achterdeck antreten"; der Kommandant erscheint und hält folgende Ansprache: „Ich beabsichtige heute abend mit meinem Schiff nach Norden vorzubrechen. Sollte jemand keine Lust haben, mitzufahren, so soll er sich melden." Gemeldet hat sich niemand, aber es fehlte doch einer, unser Bäcker. Wir haben ihn nicht vermißt. Glaubten wir jetzt etwas vom Kommandanten zu erfahren, so sollten wir uns wieder getäuscht haben. Obwohl feststand, daß wir diesen Abend endgültig verschwinden würden, setzte er sein letztes großes Täuschungsmanöver ein. Ein Ruf: „Signalgast der Wache". Mit dem großen Scheinwerfer gab er einen Morsespruch an die Signalstation: „Für Dienstag, den 3.12. einen Schleppdampfer mit Scheibe in die Ostsee zum Artillerieschießen, für Mittwoch, den 4.12., abends 6 Uhr, einen Urlauberdampfer, um die Besatzung an Land zu bringen, für den 5.12. für meine Offiziere ein Abschiedsessen im X-Hotel." Die Signalstation gibt die Befehle an die maßgebende Stelle weiter. Fünf Minuten später ist alles erledigt. Ganz deutlich und groß sollte es sein. Auch Spione sollten den Morsespruch ablesen. Wer weiß, wie schnell der Engländer diese Nachricht hatte. Sie konnten ja aber nur mitteilen, daß es noch einige Tage dauerte, ehe wir auslaufen würden, und daß wir noch viel in diesen Tagen vorhätten.

Ausgeführt hat unser Kommandant nichts von alledem. Gewartet hat der Schlepper, der Urlauberdampfer, und selbst das Essen im Hotel soll kalt geworden sein. Bezahlt wird es schon jemand haben.

Die Ausfahrt!

Sang- und klanglos verschwanden wir am 30. November abends aus dem Kieler Hafen. Keiner ahnte, wann wir Kiel wiedersehen sollten. Niemand glaubte an eine Rückkehr, denn es war ein richtiges „Himmelfahrts-Kommando".

Die von uns mitgeführten Minen hießen allgemein „Eier". Als einmal ein junger Leutnant uns im Kieler Hafen fragte, wer wir wären, da bekam er von dem Kommandanten prompt die Antwort: „Kümmern Sie sich nicht um ungelegte Eier!" Ob der Kommandant damals auch schon unsere Minen meinte, weiß ich nicht.

In der Ostsee gingen wir nochmals vor Anker, um die letzten Vorarbeiten zu beginnen. Es war festgestellt worden, daß zu einer bestimmten Zeit an der norwegischen Küste ein Dampfer mit kaffeebraunem Anstrich verkehrte. Dieses Aussehen gaben wir uns nun auch.

Die Überraschungen waren noch nicht zu Ende. Vormittags wurde ein Wasserflugzeug gesichtet, das neben uns landete. Die Flieger, zwei spaßige Rheinländer, meldeten sich beim Kommandanten. Auf seine Aufforderung stiegen sie zu uns herüber, da das Flugzeug mitfahren sollte. Ganz erstaunt waren die beiden, denn sie hatten nicht die geringste Ahnung davon und glaubten, ohne entsprechende Ausrüstung nicht mitkommen zu können. Hierfür war jedoch bereits gesorgt worden; es war alles Notwendige vorhanden. Das Flugzeug wurde auseinandergenommen und unter Deck auf dem „Wolf" verstaut.

Kaum war dies erledigt, als ein Unterseeboot bei uns längsseits auftauchte. Es war „U 66". Der U-Boots-Kapitän meldete sich zu unserer Verfügung. Auch ich traf hier noch einen Kameraden; allerdings war es das letzte Wiedersehen. Das U-Boot wurde an einer langen Stahltrosse ins Schlepp genommen. Ein Telephon verband es mit der Brücke vom „Wolf".

Gegen 6 Uhr abends war das Schiff im gefechtsmäßigen Zustand. Das Artillerie- und Torpedo-Personal hatte seine Geschütze klar und an den Torpedos die Gefechtsköpfe aufgesetzt. Um 6 Uhr lichteten wir die Anker mit nördlichem Kurs. „Kriegswache auf Stationen!" lautete der Befehl des Wachthabenden. Der Ernst der Fahrt begann.

Ein Boot vom „Panther", nur mit Offizieren besetzt, brachte uns stillschweigend durch die eigene Minensperre im Kleinen Belt. Ein kurzer Händedruck, „Glückliche Fahrt und frohe Heimkehr!" waren die letzten Worte des von uns scheidenden Kapitänleutnants des „Panther".

Hilfskreuzer „Wolf"

Wir waren endlich allein und mußten jede Minute mit dem Engländer rechnen.

Ausguckposten wurden verschärft, an Oberdeck durften sich nur soviel Leute aufhalten, wie für einen gewöhnlichen Handelsdampfer in Frage kamen, und diese nur in Zivilkleidung.

Am 3. Dezember 1916 passierten wir die erste englische Sperre. Gesehen haben wir von dem Engländer nichts. Er konnte ja auch nicht ahnen, daß wir schon unterwegs waren; denn in Kiel waren noch Festlichkeiten für uns angesagt.

Am 4. Dezember kam sehr schlechtes Wetter auf, so daß das Schiff viel Wasser übernahm. Uns war dieses Wetter gerade recht, denn wir hofften, daß bei so schlechtem Wetter der Engländer es vorziehen würde, im Hafen zu bleiben.

Die zweite englische Sperre wurde am 5. Dezember erreicht. Hier sah es schon anders aus, überall Fischereifahrzeuge. Es wurde Alarm geschlagen, da wir nicht wissen konnten, ob nicht einer der Fischdampfer Interesse an uns hatte. Der Sturm nahm an Stärke zu. Der „Wolf" krachte in all seinen Fugen. Trotzdem zeigte er aber seine alte Seetüchtigkeit, wenn auch das Unwetter ihm schwere Schäden beibrachte. Unsere Hauptsorge waren die Geschützklappen. Alle Augenblicke riß eine schwere Sturzsee die Stützbalken weg. Bis an die Brust im eiskalten Wasser stehend, mußten wir die Balken wieder anbringen, um noch größeren Schaden zu verhüten.

Nicht genug damit, noch eine große Aufregung sollten wir erleben: Mitten in der feindlichen Sperre riß eine schwere Sturzsee mit ihren haushohen Wellen eines unserer Rettungsflöße über Bord. Taghell leuchtete die ganze Umgebung auf, als durch die Berührung mit dem Wasser die auf dem Floß befindliche Kalziumbeleuchtung in Brand geriet, und dies ausgerechnet in einer Zeit, in der wir ungesehen sein wollten. Bei dem hohen Seegang war es unmöglich, das Schiff zu drehen, um das Lichtsignal zu beseitigen. So mußten wir das Floß dem Spiel der Wellen überlassen. Unheil hat es zum Glück nicht angerichtet.

Unsere Fahrt ging dicht unter der Küste in neutralen Hoheitsgewässern entlang. Für kriegerische Handlungen kommen neutrale Hoheitsgewässer nicht in Frage, aber ich glaube kaum, daß der Engländer, falls er uns gestellt hätte, deshalb von unserer Vernichtung abgesehen hätte. Wir nahmen immer nördlicheren Kurs und erreichten am 6. Dezember Bergen.

*

Waren wir bis jetzt ungesehen geblieben, so sollte es nun anders kommen. Bergen, mit bloßem Auge in Sichtweite, signalisierte uns an: „Wer sind Sie"? Wir hatten jedoch kein Interesse an dem Norweger und sind ihm die Antwort schuldig geblieben. Ein Schiff ohne Namen, ohne Flagge, die Sache kam ihm verdächtig vor. Sicher winkte irgendwoher eine gute Belohnung für eine solche wichtige Meldung. Er konnte es deshalb nicht unterlassen, folgenden Funkspruch abzugeben: „Bergen hat ein Dampfer mit nördlichem Kurs passiert, entweder ein Deutscher oder ein Holländer." Unser Kommandant wandte daher eine Kriegslist an. Das U-Boots-Telephon sollte nun zum kriegerischen Zweck das erstemal seine Verwendung finden. „Hier Brücke Wolf"... dort U-Boots-Kommandant. Eine kurze Unterredung, dann wurde gehandelt. Im U-Boot war eine Vorrichtung angebracht, die es ermöglichte, von dort die Schleppleine zu lösen. Am „Wolf" war eine solche, die verhinderte, daß die nachgeschleppte Leine in die Schiffsschraube kommen konnte. Das U-Boot warf los und tauchte in einiger Entfernung von uns unter feindlicher Flagge auf. Es wurde markiert, daß das U-Boot uns untersuchte und uns nach kurzem Aufenthalt weiterfahren ließ. Der Vorgang konnte von den Norwegern von Land aus beobachtet werden; wie sie dieses Scheinmanöver aufgefaßt haben, entzieht sich unserer Kenntnis.

Anstatt daß das Meer bei unserer dauernden Bewegung nun endlich ein Einsehen gehabt hätte, wurde der Seegang immer toller. Seekranke lagen in allen Ecken, und viele waren dabei, denen alles gleichgültig war; denn es gibt einen Zustand der Seekrankheit, bei dem der Magen sich bis zum Hals hinaufschiebt. Unsere achtern Geschütztelephonposten hatten sich auf das Bootsdeck geflüchtet, weil unten am Geschütz ein Aufenthalt unmöglich war. Ein schwerer Brecher, der das Bootsdeck erreichte, bringt auch mich in Gefahr. Ich komme ins Rutschen und werde unter einem Rettungsboot festgeklemmt. Das war Glück im Unglück, denn ich sah mich schon im großen Teich.

Selbst unsere von der Heimat mitgenommenen lebenden Schweine machten nicht mehr mit und verweigerten die Nahrungsaufnahme. Die ewige Schaukelei war auch ihnen zuviel. Alles, was nicht niet- und nagelfest war, wurde ein Opfer der Wellen. Später sollte es noch besser kommen. Wir waren sogar einmal gezwungen, um einen anderen Kurs einschlagen zu können, Öl ins Meer zu gießen, damit die See ruhiger wurde, ein Mittel, das stets hilft. Verschwenderisch konnten wir jedoch mit diesem Artikel auch nicht umgehen, denn wie nötig konnte er noch gebraucht werden.

Am 7. Dezember eine freudige Nachricht. Ein Funkspruch meldet, daß zwei englische Hilfskreuzer hinter uns her waren. Es schien die Wirkung von Bergens Funkspruch zu sein. Mochte es kommen, wie es wollte, wir waren auf dem Posten. Die Stimmung unter der Besatzung war ausgezeichnet. Das Wetter wurde etwas besser, nur hätten wir gern unser U-Boot, das nach dem Täuschungsmanöver in unserer Nähe allein fahren sollte, bei uns gehabt. Alles Anrufen blieb jedoch erfolglos.

„U 66" hat die Heimat nicht wieder gesehen. Wir standen allein auf Gottes freier See.

Da ein Durchbruch unterhalb Islands wegen der zwei anwesenden feindlichen Hilfskreuzer zu gewagt war, ging es immer weiter nördlich. Hatte uns bis jetzt der hohe Seegang zu schaffen gemacht, stellte sich nunmehr Treibeis vom nördlichen Eismeer ein. Wir fuhren auf etwa 70 Grad Nord, weit oberhalb Islands, bis wir vor Eis nicht mehr weiterkonnten. „Wolf" drehte, und mit südlichem Kurs ging es zwischen Island und Grönland durch die Dänemarkstraße dem Atlantischen Ozean zu. Bei der in dieser Gegend herrschenden Kälte war unser ganzes Schiff mit einer dicken Eisschicht überzogen. Ein herrlicher Anblick! Unsere Geschütze waren nicht zu gebrauchen. Es machte ja auch nichts aus, denn unsern Verfolgern mußte es genau so gehen. Auch deren Geschütze waren durch das Eis augenblicklich unbrauchbar.

Im Atlantischen Ozean

Am 8. Dezember fingen wir vom Engländer einen Funkspruch auf, worin er vor einem deutschen Hilfskreuzer im nördlichen Atlantischen Ozean warnte. Uns konnte er ja noch nicht gemeint haben. Es war jedenfalls die „Möwe", welche einige Wochen vor uns zu ihrer zweiten Kaperfahrt ausgelaufen war. Am 9. Dezember meldete der Ausguckposten an Steuerbord Land, das war jedoch nicht gut möglich. Beim Näherkommen stellte sich heraus, daß es ein mächtiger, in seiner Größe gar nicht zu schätzender Eisberg war. Da solche Kolosse für ein Schiff äußerst gefährlich sein können, ging es mit ganz langsamer Fahrt vorbei. In der Nähe des Eisberges herrschte eine derartige Kälte, daß alle Bordwände im Heiz- und Maschinenraum mit einer dicken Eisschicht überzogen waren. Dauernd erfolgten an der Bordwand heftige Schläge von den vorbeitreibenden Eisblöcken. Überall, wohin man sah, nur ein einziges Eisfeld.

Am 10. Dezember hatten wir den Atlantischen Ozean erreicht. Nun waren wir so einigermaßen in Sicherheit. Frei trieb sich der „Wolf" jetzt im Schafstall des Engländers herum. Die ersten

Sonnenstrahlen leuchteten uns entgegen. Endlich konnten wir auch mal an unser eigenes Ich denken. Waschen hatte es seit unserer Ausreise nicht mehr gegeben. Wenn man sich im Spiegel mit dem Vollbart sah, konnte man vor sich selbst Angst haben. Da es von Tag zu Tag wärmer wurde, hatte sich unsere Eisschicht verloren, und wir gingen nun daran, alle Schäden der letzten acht Tage auszubessern. Auch diese Arbeit war bald getan, so daß wir so nach und nach wieder einem deutschen Schiff ähnlich sahen.

Hatten wir bisher in Lebensmitteln geschwelgt, so hieß es jetzt sparen, denn keiner konnte ahnen, in welche Situationen wir noch einmal kommen würden. Es war aber nicht allein mit Lebensmitteln Sparsamkeit geboten, nein, auch Kohle und Wasser mußten gespart werden. Pro Tag und Mann ein Liter Wasser, welches zum Trinken, Waschen und das gesammelte Waschwasser wieder zur Zeugwäsche reichen mußte. Mit Seewasser ist ja hierfür nichts anzufangen. Sogar die Ventilation wurde eingeschränkt, denn zum Antrieb wurde Dampf und zum Dampf wieder Kohle und Wasser gebraucht.

Wir hofften alle, daß endlich der Kaperkrieg beginnen sollte. Aber nein, unsere Aufgabe sollte erst in Südafrika beginnen, und dorthin mußten wir möglichst ungesehen und unangemeldet kommen.

Da die Sonne es jetzt schon ziemlich gut meinte,

wurde an Deck ein Badesegel in der Größe von etwa zwei mal drei Metern gebaut, welches mit Salzwasser gefüllt wurde. Eine Erfrischung, die jeder einzelne jeden Tag genoß.

Am Horizont tauchten auf einmal zwei Rauchwolken auf. Es sollen Munitionsdampfer gewesen sein. Gern hätten wir diese erledigt, ehe die Munition den westlichen Kriegsschauplatz erreichte. Wir durften es aber nicht, wollten wir nicht unsere spätere Aufgabe gefährden. Bei verändertem Kurs verloren wir die Fahrzeuge bald wieder aus den Augen.

Am folgenden Tage meldete der Ausguckposten wieder voraus ein Fahrzeug. Es war ein Holländer. Ohne uns erkannt zu haben, setzte er seine Reise fort. Dann sichteten wir noch das Wrack eines ausgebrannten Seglers. Unsere Munition war aber zu schade, um für solche wertlose Sache vergeudet zu werden. Mochte es also weiterhin Verkehrshindernis bleiben. Rauchwolken gab es sehr oft zu sehen, nur nichts zu kapern. Vielleicht fiel auch dieser oder jener Dampfer noch unserer „Möwe" zum Opfer, sie mußte ja in dieser Gegend sein.

Mittlerweile kam das Weihnachtsfest heran. Da unsere Weihnachtsbäume noch in Kiel auf der Brücke lagen, blieb uns nur Selbsthilfe übrig. Der Seemann ist in solchen Lagen erfinderisch. Als Ersatz für den Weihnachtsbaum diente ein Besenstiel, der mit Bindfaden durchzogen und dann mit dem Farbenpinsel bearbeitet wurde. Ich muß sagen, daß wirklich wundervolle Bäumchen auf den einzelnen Tischen zu finden waren. Es wurde nun, so gut es ging, gefeiert, nur daß Schnee und Kälte fehlten. Wir hatten Weihnachten 1916 eine Wärme von 35 Grad. Das war für unsere Fahrt zwar angenehmer als die Kälte. An den Feiertagen trat unsere selbst zusammengesetzte Bordkapelle erstmalig an die Öffentlichkeit. Sie spielte noch nicht gut, aber es war doch einmal etwas anderes.

Am 26. Dezember sichteten wir abermals ein Segelschiff. Laufenlassen war unsere Parole. Unserem Schiff hatten wir, den fremden Schiffen entsprechend, einen anderen Anstrich gegeben. Unten herum schwarz, die Aufbauten waren weiß. Jetzt sahen wir schon etwas freundlicher aus, obwohl es mit unserer Freundlichkeit nicht weit her war.

Äquatortaufe

Wir kamen immer weiter südlich und näherten uns allmählich dem Äquator. Da niemand von der nördlichen Erdhälfte zur südlichen den Äquator passieren kann, ohne die übliche Taufe empfangen zu haben, wurde mit allerlei Vorbereitungen begonnen. In allen Winkeln sah man rege Hände, mußten doch zu diesem Zwecke mancherlei farbige Kostüme hergestellt werden. Woher aber farbigen Stoff nehmen? Nun, wir hatten ja einen Maler an Bord, und der hat dann auch mit seinem großen Pinsel die nötigen Farbenzusammenstellungen herausgebracht.

So kam Silvester heran. Wir feierten es still und ruhig, es gab Punsch (bei 39 Grad Wärme) und Bier. Natürlich alles nur in kleinen Mengen. Sonst bekamen wir nur wöchentlich eine Flasche helles Bier, denn Alkohol war letzten Endes in den Tropen schädlich, die Mannschaft aber mußte stets kriegsbereit gehalten werden, da es auf jeden einzelnen ankam. Am Abend hatte ein Abgesandter Neptuns, die Ankunft des Meeresgottes für den 1. Januar beim Kommandanten angemeldet. Die Abgesandten wurden freundlich empfangen, und unser Kommandant versprach, am folgenden Tage, morgens 9 Uhr die Besatzung dem Meeresgotte zur Stelle zu melden. Wir freuten uns alle, daß auch unser Kommandant die Taufe empfangen mußte, denn auch er hatte diese Linie noch nie passiert. Am 1. Januar pünktlich erschien dann auch Neptun mit seiner Gemahlin und großem Gefolge. Die Festesstimmung war gut, denn die See war ruhig, und die Sonne brannte vom blauen Himmel herab. Um so mehr glänzten die mit Ruß beschmierten Neger aus dem Gefolge Neptuns. Die Mannschaft war angetreten, und wurde Gott Neptun gemeldet, der mit seinem ganzen Hofstaat die Front abschritt. Dann nahm er auf seinem Thron Platz und die Taufe sollte beginnen.

Als erster mußte der Kommandant die Taufe empfangen. Für ihn war aus zwei Sektflaschen ein Feldstecher hergestellt und die Flaschen mit Wasser gefüllt. Als er hindurchsehen mußte, lief der Inhalt der Flaschen über ihn hinweg.

Für die anderen Offiziere war die Taufe schon etwas schwieriger. Sie alle wurden eingeseift und von dem Friseur mit einem großen, hölzernen Rasiermesser geschabt, dann rücklings ins Tauf= becken (Badesegel) geworfen, von Negern drei= mal untergetaucht und danach durch den Wind= sack geschickt. Über jeden der Herren Offiziere war ein Gedicht gemacht worden, aus dem ersicht= lich war, wie er bei der Besatzung angeschrieben war. Ich erinnere mich noch der Taufrede für die beiden Ärzte, die ungefähr lautete:

"Ihr seid nun der Ärzte zwei an Bord, antwortet mir auf meine Frage, sollte einer nicht genügen, gesunde Leute totzukriegen?"

Für die Mannschaft war die Taufe noch etwas unangenehmer. Auch sie wurden, wie die Offiziere, erst eingeseift, dann gebadet und untergetaucht und danach durch den Windsack gejagt. Wenn sie glaubten, herauskommen zu können, dann erlebten sie, wie von vorn und hinten mit einem Feuerlöschschlauch Wasser gegeben wurde. Nach diesen Leiden wurden sie noch einmal von einem Gefolgsmann Neptuns beschmiert.

Anschließend an die Taufe schritt Gott Neptun zur Verleihung der Orden. Unser Kommandant erhielt den Rah-Orden, der am Halse zu tragen war. Nachdem die Ordensverteilung beendet war, verließ Neptun mit seinem Gefolge, reichlich beschenkt mit Zigarren, wieder das Schiff.

Der Schluß des Tages war für uns dienstfrei. Am anderen Tage ging der übliche Dienst weiter, rein Schiff, Geschützexerzieren waren unsere täglichen Arbeiten. In der Nacht vom 2. zum 3. Januar kam ein Dampfer direkt auf uns zugefahren. Sofort wurde Alarm gegeben, er morste uns an, wer wir seien, die Antwort sind wir ihm jedoch schuldig geblieben.

Minen vor Kapstadt

Wir bekamen den ersten Besuch. Schwalben und Albatrosse umschwirrten unser Schiff, sodaß wir uns also immer mehr der ostafrikanischen Küste nähern mußten.

Endlich sollen wir unsere erste Aufgabe erfüllen. Vor Kapstadt müssen Minen gelegt werden. Freudestrahlend nehmen wir die Botschaft auf. So ganz glatt soll es aber nicht gehen. Schon war das Tafelgebirge in Sicht, und wir aßen gerade Abendbrot, als plötzlich die Alarmglocken durch das Schiff schrillten. Alles rannte auf die Gefechtsstation. Mächtige Rauchwolken kommen in Sicht. Beim Näherkommen sehen wir einen Transportzug, bestehend aus 6 Dampfern, und zu ihrer Begleitung einen Panzerkreuzer und einige Zerstörer. Mit dieser Sorte Bekanntschaft zu machen, hatte keinen Zweck, denn uns fehlte ja jede Panzerung. Wie die Streichhölzer wären wir bei einem Treffer von dem 30,5=Zentimeter=Kaliber der Kreuzer auseinandergeflogen. Gefechte zu liefern, war außerdem nicht unsere Aufgabe, sondern wir sollten Minen legen.

Keinerlei Stützpunkt war vorhanden, wo eventuelle Schäden hätten ausgebessert werden können.

Wo man hinsah, nur Feinde. Wir änderten also den Kurs, und der Transportzug zog seinen Weg weiter, ohne uns zu bemerken.

Inzwischen war es dunkel geworden. Kapstadt wurde, das Schiff scharf abgeblendet, angesteuert. Doch welche Entdeckung! Dauernd suchten zwei mächtige Scheinwerfer von Kapstadt aus die Wasserfläche ab. Außerhalb des Lichtkegels war aber noch eine Wassertiefe von etwa 500 Metern. Bei dieser Tiefe konnten keine Minen gelegt werden.

Die erste Aufgabe — und diese gleich nicht erfüllen können? Es mußte möglich gemacht werden, und es wurde auch möglich gemacht. Wir fuhren einen anderen Kurs, und — das ganze Schiff wurde hell erleuchtet. Wir hatten jetzt das Aussehen eines kleinen Passagierdampfers, und Kapstadt wurde zum zweitenmal angesteuert. Bei uns an Deck war es durch die feindlichen Scheinwerfer fast taghell. Uns störte es nicht. An Kapstadt waren wir nun so nahe heran, daß die Straßenbahn am Hafen deutlich zu sehen war. Das würde der Engländer nicht vermuten, daß wir ein solches Maß von Frechheit besaßen, an seinen Hafen mit hell erleuchteten Lichtern heranzufahren. Fuhren wir abgeblendet und er entdeckte uns, gleich hätte es geheißen: ein verdächtiges Fahrzeug, so aber sagte sich der Engländer: ein harmloser Dampfer, der schließlich nur seinen genauen Standort feststellen will. An Backbordseite hatten wir Kapstadt, auf der anderen Seite unseres Wolf rutschten die Minen heraus. 25 Eier legten wir den Engländern vor die Tür.

In schnellster Fahrt (12 Meilen pro Stunde) ging es nach Erledigung unserer ersten Aufgabe dem nächsten Ziele, Kap Angola, zu. Kap Angola ist nur ein Ansteuerungspunkt. Unsere Minen legten wir kreuz und quer, damit ein Wegräumen so schnell nicht möglich war. An diesen Punkten hätte zudem kein Mensch Minen vermutet.

Im Indischen Ozean

Für uns war es nun aber auch Zeit, aus dieser Gegend zu verschwinden, zumal, da wir bei diesem Minenlegen durch einen Dampfer gestört wurden. Es war also damit zu rechnen, daß wir doch einmal verraten würden.

Mit nordöstlichem Kurs ging es weiter, und wir gelangten schließlich in den Indischen Ozean. Am 19. Januar 1917 kamen wir in die Regenzone. Tropenregen ist etwas anderes als unser Regen. Wie aus Eimern gießt es hier. Für uns war das eine Erholung, nach langer Zeit gab es endlich Wasser in Hülle und Fülle. Soweit es ging, wurde alles aufgefangen. Wir haben die Badegelegenheit in Süßwasser reichlich wahrgenommen; denn Wasser und Kohle blieben unsere Schmerzenskinder.

Im Indischen Ozean sollte nun auch die Kaiser-Geburtstagsfeier bei uns stattfinden. Allerlei fidele Gruppen hatten sich für die Vorbereitungen gebildet. Einige übten Schuhplattler ein, andere Negertänze. Ringkämpfer traten auf, jedenfalls versprach uns der Tag ein reichhaltiges Programm. Unsere Freude sollte sich aber in der

Aequatortante: „Neptun" mit Gefolge (S. 27)

Aequatortaufe: Chinesen aus dem Gefolge „Neptuns" (S. 27)

Aequatortaufe: Der Torpedooffizier wird getauft (S. 27)

Nacht vom 26. zum 27. Januar durch einen Funkspruch vom Engländer noch erhöhen.

Der Engländer meldete deutsche U-Boote vor Kapstadt. Sollten unsere Minen gewirkt haben? Wir wußten es genau, denn zu damaliger Zeit konnten unsere U-Boote noch nicht bis Kapstadt kommen. Es konnten also nur die Eier vom „Wolf" sein. Uns war es recht, daß der Engländer anders dachte. Stand doch nun fest, daß er von unserer Anwesenheit noch nichts gemerkt hatte. Es war also gut, daß wir im Atlantischen Ozean keinen Dampfer gekapert hatten.

Weiter meldete der Funkspruch, daß der 40 000 Tonnen große Dampfer Aquitania mit 10 000 Mann Truppen an Bord auf eine Mine gelaufen sei. Was aus diesem Dampfer geworden ist, sollten wir erst später von Gefangenen erfahren.

Vielleicht konnte es aber mit den U-Booten von dem Engländer nur Bluff sein. Schließlich jagte er einige schnelle Kreuzer hinter uns her. Wir sind auf diese Manöver jedenfalls nicht reingefallen. Ein anderer Funkspruch des Engländers meldete, daß neutrale Kapitäne vor Kapstadt Minen gelegt hätten. Eine strenge Untersuchung würde eingeleitet werden und Verhaftungen seien vorgenommen worden.

Am 27. Januar war morgens Kirchgang. Der erste Offizier hielt eine kurze Predigt und gedachte unserer Lieben daheim. Gleichzeitig würdigte er aber auch den ersten Erfolg unserer Fahrt, der unsere viele Kohlenarbeit in der Heimat belohnt hatte.

Wir befanden uns jetzt in der Nähe von Madagaskar und waren auf der Fahrt nach der Insel Ceylon. Durch kleine Reparaturen wurden wir gezwungen, für kurze Zeit stillzuliegen.

Gleich fanden sich Leute, die auf Haifischfang ausgingen. Es wimmelte hier nur so von diesem Viehzeug. Schon nach kurzer Zeit hing ein mächtiger Hai an unserer Angel. Kräftige Seemannsarme zogen ihn aufs Schiff, wo er zerlegt wurde. Zu genießen war er aber nicht, obwohl wir keine Kostverächter waren. Das bewies wohl am besten unser verschimmeltes Mehl. Bei unserer Ausreise hatte man uns 3000 Zentner Mehl, tropenmäßig in Blechkisten verpackt, mitgegeben. Doch welche Enttäuschung, als Brot gebacken werden sollte. Erst war der Bäcker ausgerissen, und nun war das ganze Mehl durch Schimmel unbrauchbar geworden. Brot wurde aber trotzdem davon gebacken, wenn es zum Genuß auch kaum zu gebrauchen war. Magenkranke gab es daher in Hülle und Fülle. Überhaupt sah es mit unserer Verpflegung sehr ernst aus. Dauernd war die Küche nicht gebrauchsfähig. Die Dörrkartoffeln waren schlecht, die Marmelade gegoren, und die Butter war durch die verschiedenen Klimawechsel ranzig geworden.

So kam alles zusammen. Trotzdem ließen wir den Mut nicht sinken, mußte es doch, wenn der Kaperkrieg begann, besser werden, denn der Engländer konnte uns doch hier draußen, abgeschnitten von aller Welt, nicht einfach verhungern lassen!

Unsere Fahrt dauerte nun schon etwa zwei Monate. Die Kohlen in den Bunkern hatten abgenommen. Vom achtern Schiff mußte die Kohle nach vorn in die Bunker transportiert werden. Keine schöne Arbeit bei der Wärme. Sobald in den Kohlen gearbeitet wurde, mußte unsere Kapelle dazu spielen. Die Arbeit dauerte drei Tage. In der Zwischenzeit ließ uns der Engländer mal wieder Neuigkeiten zukommen. Vor Kapstadt war ein Kreuzer gesunken. Wieder ein Verfolger weniger!

Am 14. Februar erhielten wir die erste Nachricht von unserer deutschen Station Nauen. Bisher hatte uns nur das Reutersche Büro die Jacke vollgelogen, danach erlitten wir dauernd die größten Verluste. Den Inselbewohnern konnte er ja schon eins aufbinden.

Wir selbst konnten keinen Funkspruch abgeben, im selben Augenblick wären wir verraten gewesen. Näher und näher kamen wir der Insel Ceylon. Hier sollten wir am 15. Februar vor Colombo Minen legen. Nachdem es dunkel war, wurde Colombo angesteuert. Dauernd umlagerte uns eine ganze Reihe Fischkutter; ohne uns um diese zu kümmern, begannen wir mit dem Minenlegen.

Genau wie in Kapstadt suchten auch hier zwei Scheinwerfer die Wasserfläche ab. Die Wassertiefe war aber günstiger, so daß der Lichtkegel uns nicht erreichte. Mit hellerleuchtetem Schiff erfüllten wir auch hier unsere Aufgabe.

Gleich am folgenden Tage wurde die Einfahrt zum bengalischen Meerbusen mit Minen verseucht, tags darauf hatten die Minen vor Colombo gewirkt. Ein Funkspruch meldete, daß zwei Dampfer gesunken seien. Internationale Spione hätten in den Dampfern Höllenmaschinen angebracht. Eine gute Ausrede der Engländer. Die Schiffahrt sollte doch durch unsere Minen nicht ängstlich werden.

Am 18. Februar hörten wir durch Funktelegraphie von feindlichen Kreuzern, daß sie uns auf den Fersen waren.

Das sollte uns aber nicht stören, schon am folgenden Tage Bombays Hafen mit Minen voll und ganz zu verseuchen. 110 Stück warfen wir dem Engländer vor die Hafeneinfahrt. Da diese ziemlich lang war, fuhren wir dieses Mal scharf abgeblendet. Ganz in unserer Nähe lag ein Kanonenboot vor Anker. Wir haben die Engländer nicht in ihrem Schlaf gestört, und uns hat niemand gesehen. Wir wollten ja auch überall ungesehen bleiben.

Die Fahrt ging weiter nach dem indischen Hafen Karachi, einem Verladehafen für Truppen. Diesmal wurde uns ein Strich durch die Rechnung gemacht. Wir mußten die Fahrt unterbrechen, da der Engländer Minen vor Bombay meldete. Was war da los? Sollten die „Eier" schon gewirkt haben? Nein, ein Konstruktionsfehler an einer Mine hatte diese nicht untergehen lassen, so schwamm sie auf dem Wasser. Nun war das Rätsel gelöst.

Den Hafen hatten die Engländer sperren lassen. Ein Erfolg, der uns genügte. Wenn nun auch nach den Minen gesucht wurde, alle konnten ja kaum gefunden werden.

Der Kaperkrieg beginnt

Mit der Fahrt nach Karachi wurde es nun nichts. Der Engländer wußte, daß wir auch dorthin kommen würden. So beschloß der Kommandant, zunächst Richtung nach Australien zu nehmen. In drei bis vier Monaten, wenn keiner mehr an uns dachte, wollten wir auch Karachi noch einen Besuch abstatten. Die Ansicht des Kommandanten war wieder mal richtig, denn wie wir später durch Gefangene in Erfahrung brachten, warteten in Karachi bereits ein Kreuzer und ein Zerstörer auf unser Erscheinen.

Allerlei Dampfer und Segler zogen an uns vorüber. Ein großer Passagierdampfer wollte mit aller Gewalt unsere Nationalität wissen. Wie üblich auf See, wenn sich zwei Schiffe begegnen, wird die Flagge dreimal zum Gruß gedippt. Diesen Gruß haben wir prompt mit der englischen Flagge erwidert. Unseren Namen weiß er schließlich bis heute noch nicht. Jeder ist sich selbst der Nächste, hieß es damals bei uns.

Um 25. Februar hatte unser Kommandant Geburtstag, und zur Feier des Tages sollte an diesem Tage der erste Dampfer gekapert werden. Obwohl in den letzten Tagen viele Dampfer gesichtet waren, war uns doch diesmal kein Erfolg beschieden.

Der 26. Februar brachte uns etwas Neues. Unser Flugzeug, auf den Namen „Wölfchen" getauft, wurde aus seinem Versteck geholt und aufmontiert. Hilfsbereite Hände regten sich überall, und schon nach einigen Stunden wurde der erste Probeflug gemacht. Die erste Erkundungsfahrt verlief jedoch erfolglos. Unsere Besatzung fieberte danach, nun endlich die Schönheiten des Kaperkrieges kennenzulernen. Eine Prisenbesatzung, bestehend aus einem Offizier, einem Unteroffizier und sechs Mann wurde zusammengestellt, und zwar aus Leuten, die mehrere Sprachen beherrschten.

Freudig meldet der Ausguckposten vom vorderen Mast in der Nacht vom 26. zum 27. Februar: „An Steuerbord 90 Grad ein Dampfer mit zwei Lichtern. Es war drei Uhr nachts. Bei Tagesanbruch sollte der Dampfer gekapert werden. Des Nachts ein Schiff zu kapern, war für uns, die wir viele Minen führten, eine riskante Sache. Wir mußten damit rechnen, daß die Schiffe bewaffnet waren, und leicht konnte der kleinste Treffer uns soviel Schaden zufügen, daß wir unsere anderen Aufgaben nicht erfüllen konnten. Die ganze Besatzung war in heller Begeisterung, die Kriegswache ging auf ihre Stationen. Unser Kurs wurde so eingeschlagen, daß bei Hellwerden die Fahrtrichtung des Dampfers gekreuzt werden mußte. Bei uns an Deck war nichts zu sehen. Jeder Mann stand hinter seiner Bordwand. Die Geschütze waren noch mit Segeltuch überzogen.

Auf etwa 1000 Meter waren wir heran. Der feindliche Dampfer war dem Aussehen nach ein ehemaliger Deutscher. „Klar zum Klappen öffnen", kam der Befehl von der Brücke durch das Telephon. Geschütze und Torpedorohre waren fertig zum Schuß. Das erste Geschütz Backbord sollte den Warnungsschuß vor den Bug des feindlichen Schiffes abgeben. „Laß fallen, heiß Flagge und Wimpel", war das nächste Kommando. Die deutsche Kriegsflagge, die schon seit langer Zeit hier nicht mehr gesehen wurde, stieg hoch. Drüben eine mächtige Wassersäule von unserem Warnungsschuß. Gleichzeitig ging das Signal hoch: „Stoppen Sie sofort, ich schicke ein Boot". Der Dampfer folgte auch sofort den Befehlen.

Inzwischen war das Motorboot ausgesetzt, um die Prisenbesatzung überzusetzen. Durch die Tropensonne war das Boot aber leck geworden, und kaum 100 Meter von uns entfernt, war es am Absaufen. Schnell wurde ein Rettungsboot zu Wasser gelassen, um der Besatzung zu Hilfe zu kommen. Es kam gerade noch zur rechten Zeit. Der englische Kapitän aber hatte durch diesen Zwischenfall allerlei Zeit gewonnen. Rauchwolken stiegen bei ihm Mittschiffs auf. Die aufsteigenden Rauchwolken rührten vom Verbrennen der Schiffspapiere her.

Die Prisenbesatzung war bei dem Engländer eingetroffen. Alles wartete auf den Winkspruch des Signalgastes. Endlich die Antwort. Es war der ehemals deutsche Dampfer „Gutenfels", ein Schwesterschiff des „Wolf". Also richtig geraten. Das Schiff fuhr jetzt unter dem Namen „Turritella". Zu Ausbruch des Krieges war es von den Engländern beschlagnahmt worden. Die Ladung bestand aus Brennöl für die Mittelmeerflotte. Wir wollten im Kaperkrieg erst Erfahrung sammeln. Der Kapitän der „Turritella-Gutenfels" hatte sie schon. Bereits zweimal war er mit seinem Schiff gekapert worden. Das erstemal von der ruhmreichen „Emden", das zweitemal von der „Möwe" auf dem Golddampfer „Appam". Jedesmal wurde er wieder an Land abgesetzt. Jetzt fiel er uns in die Hände. Nun sollte er Deutschland, wenn alles gut ging, doch noch zu sehen bekommen. Er landete später in Ruhleben im Gefangenenlager. Die Besatzung bestand außer den Offizieren, die Engländer waren, nur aus Chinesen. Es wimmelte von Leuten; denn wo bei der Arbeit ein Deutscher steht, werden zu der gleichen Arbeit vier bis fünf Chinesen gebraucht. Wir fuhren bei spiegelglatter See neben die „Turritella".

Gekaperter Dampfer wird deutscher Hilfskreuzer

Unser Kommandant besichtigte das Schiff und fand es geeignet, um als zweiten Hilfskreuzer zu dienen. Kapitänleutnant Brandes, bisher erster Offizier auf „Wolf", bekam 27 Mann von uns mit und erhielt das Kommando. „Turritella" wurde auf den Namen „Iltis" getauft. Seine Aufgabe sollte sein, im Golf von Aden Minen zu legen. Mit Brennapparaten ging es an die Arbeit: Öffnungen zum Auswurf der Minen waren zu brennen, Schienen zum Transport mußten hergerichtet werden. Alles erfolgte in so schneller Zeit, daß „Iltis" ohne Verspätung im Golf von Aden eintraf. Die Fahrzeit jedes Schiffes wird vorher gemeldet. Der Erfolg hing daher viel von der Einhaltung dieser Zeit ab.

Damit „Iltis" nun auch als Kriegsfahrzeug galt, wurde eine 5,2-Zentimeter-Kanone aufmontiert. Die Chinesen hatten sich verpflichtet, gegen entsprechende Bezahlung bei uns zu arbeiten. „Wolf"-Leute übernahmen die Aufsicht.

Wütend sah der englische Kapitän, wie sein Schiff verändert wurde. Er prophezeite: „Der kommt nicht wieder!" Er sollte recht behalten.

Seinen Chinesen hatte er vorher entsprechende Anweisungen gegeben, wie sich später herausstellte.

Bei Dunkelwerden verließ uns „Iltis". Ein Treffpunkt war auf 14 Tage später verabredet worden. Nachdem „Iltis" im Dunkel verschwunden war, wurde auf „Wolf" festgestellt, daß der Bügel vom Geschütz bei uns liegengeblieben war. Er konnte also nicht einmal schießen.

Die Gefangenen der „Turritella" wurden bei uns in den Räumen untergebracht, in denen bisher die Minen gelagert hatten. Proviant usw. wurde von der „Turritella" nicht heruntergeholt. Lediglich eine Anzahl Kisten Ananas wanderte auf den „Wolf".

*

Am 28. Februar hielten wir Ausschau nach weiterer Beute. Schon am folgenden Tage hatten wir Glück. „Rauchwolke in Sicht", meldet der Ausguckposten. Wenn es so weitergeht, wird es auf dem Ozean bald keine Schiffe mehr geben. Auf 2000 Meter näherten wir uns dem feindlichen Schiff. Alle Vorbereitungen zum Kapern waren, wie das erstemal, getroffen. Das Schiff setzte bereits die Flagge zum Gruß.

Unsere Geschütze waren geladen und sollten gesichert sein. Das Kommando: „Laß fallen!" ertönt. Doch welches Unglück! Das dritte Geschütz Backbord ist noch nicht geschwenkt. Die

Mündung zeigt noch auf das Schiff. Ein Krach — eine Feuersäule. Die eigene 15-Zentimeter-Granate schlägt auf unser Schiff ein, alles vernichtend, was im Wege steht. Vier Tote und 28 Schwerverwundete der eigenen Kameraden. Ein Rohrkrepierer hatte das Unglück verursacht. Das ganze achterne Schiff gleicht einem Flammenmeer. Munition und Leuchtgranaten waren in Brand geraten. Stöhnende Schreie der Verwundeten.

Während mit dem Vorschiff der Dampfer gekapert wurde, ging es achtern an die Bergung der Toten und Verwundeten. Unser Kamerad Beyer, der gerade unter dem Geschützrohr kniete, war bis zur Unkenntlichkeit verbrannt. Ich selbst bekam einige Splitter ab, die mich für ein Vierteljahr ins Schiffslazarett brachten.

Die Prisenbesatzung war indes auf dem englischen Dampfer angekommen. Es handelte sich um ein ganz neues Schiff, welches die erste Fahrt machte, und zwar um den 4000 Tonnen großen englischen Dampfer „Jumna" mit einer Salzladung nach Indien. Außerdem brachte uns der Dampfer 500 Tonnen Kohle, lebende Gänse, 2000 Eier, Kartoffeln und anderen Proviant. Sämtliche Vorräte wurden vom „Wolf" übernommen. Am 3. März wurde „Jumna" versenkt.

Auf „Wolf" waren wir eifrig dabei, die Schäden wieder auszubessern. Unter anderem war die Bordwand auf einige Meter aufgerissen. Alles mußte schnell erledigt werden, konnte doch jede Minute ein neues feindliches Schiff auftauchen.

Am Abend des 3. März verschied einer der schwerverletzten Kameraden. Er fand ein kühles Seemannsgrab. Der Tote wurde in ein Segeltuch genäht und mit Eisenstäben beschwert. Bei Sonnenuntergang hält das Schiff an. Ein kurzes Gebet, und der Tote wird zu Wasser gelassen. Auffällig ist, daß, sobald ein Toter auf dem Schiff ist, sich ungeahnte Mengen Haifische in der Nähe des Schiffes aufhalten. Zur Beruhigung mag gesagt werden, daß der Körper so eingenäht wird, daß kein Haifisch zugreifen kann.

Da unser Schiffslazarett für soviel Verwundete nicht ausreichte, mußte die Mannschaft einen Wohnraum räumen, der zum Lazarett eingerichtet wurde. Die Mannschaft lag nun im Freien unter dem Sonnensegel. Der Verlust an Menschen traf uns sehr hart. Am 27. Februar hatten wir 30 Mann für den „Iltis" abgegeben, zwei Tage später hatten wir nun wieder einen Ausfall von etwa 50 Leuten! — Ein Verlust von beinahe 22 Prozent bei 350 Mann Besatzung war schwer zu überwinden. Doppelt mußte daher jeder seine Kraft einsetzen.

Groß war jedesmal die Freude der Gefangenen, wenn neuer Zuwachs kam. Verschiedene Bekannte trafen sich. Die Gefangenen genossen dieselben Vorteile wie die Besatzung, nur zu arbeiten brauchten sie nicht. So lange bei ihnen noch Geld vorhanden war, stand ihnen sogar die Schiffs= kantine zur Verfügung. Unsere Lebensmittel= versorgung begann wieder uns Sorge zu bereiten. Auf neuen Fang mußten wir ausgehen, ohne aber in den nächsten Tagen Erfolg zu haben.

Das Ende des „Iltis"

Am 6. März fingen wir folgenden Funkspruch auf: „Der Hafen von Aden gesperrt, Hilfskreuzer „Wolf" vernichtet." „Iltis" hatte demnach seine Minen gelegt, war auf der Rückfahrt zu uns aber vom Engländer aufgebracht worden. Wir bekamen später durch gekaperte Zeitungen heraus, daß der „Turritella"-Kapitän einen Chinesen beauftragt hatte, von Bord aus an Land zu schwimmen, um alles zu verraten. Bei der geringen Wasserbreite war dies möglich. Nachdem nun „Iltis" seine Minen gelegt hatte und wieder auf der Ausfahrt war, wurde er von englischen Kreuzern angehalten.

Schießen konnte „Iltis" ja nicht. Es wäre auch zwecklos gewesen. Die eigene Besatzung sprengte daher das Schiff und ging in die Rettungsboote. Alle kamen sie in Gefangenschaft und wurden zu hohen Freiheitsstrafen verurteilt. Verraten hat aber niemand etwas.

Durch die Chinesen hatte aber der Engländer nun eine genaue Beschreibung des „Wolf". So mußten wir die Masten und den Schornstein verändern, um ein anderes Aussehen zu erhalten. Von allen Seiten hörten wir Funksprüche von feindlichen Kriegsfahrzeugen. Ein ganzes Dutzend dieser Sorte war uns auf den Fersen. Unsere beiden Flieger sorgten für die nötige Aufklärung, damit wir vor Überfällen gesichert waren.

Die Funktelegraphie rasselte dauernd. Einmal waren es Erfolge unserer Minensperren, das andere Mal Warnungen vor „Wolf". Uns störte dies alles nicht. Die Hauptsache war, daß „Wolf" gefürchtet blieb. Da die Luft in dieser Gegend für den „Wolf" immer dicker wurde, ging es mit südlichem Kurs einer anderen Richtung entgegen.

„Turritella" verläßt „Wolf" als „Iltis" (S. 15)

Offiziere der „Turritella" kommen an Bord (S. 15)

III. Geschütz nicht ausgeschwenkt (S. 15)

Neue Erfolge des „Wolf"

Am 11. März, einem Sonntag, ist große Musterung der Mannschaft durch den Kommandanten angesagt. Alle Mann in Weiß; „Stillgestanden, die Augen links". Der Kommandant erscheint und geht durch die Reihen. Noch ehe er fertig ist, erschallt die Stimme des Ausguckpostens. „Steuerbord querab eine Rauchwolke". Da die Rauchwolke zu stark war, stieg erst der Flieger auf, um auszukundschaften, ob es nicht etwa ein Kreuzer war. Kurze Zeit darauf kam er schon wieder zurück mit der Meldung, es sei ein Handelsdampfer.

Gegen Mittag war er auf die übliche Art und Weise unser. Der Dampfer war die „Wordsworth" mit 120 000 Zentner Reisladung nach England an Bord. Gar zu gern hätten wir den Dampfer nach Deutschland geschickt. Aber woher die Kohlen für die lange Reise nehmen. Die Offiziere des Dampfers wurden sofort auf „Wolf" übernommen. Eigentümlich war es, daß die Kapitäne der beiden letzten gekaperten Dampfer Verwandte waren, die sich jahrelang nicht gesehen hatten.

Die See ging dermaßen hoch, daß wir nicht längsseits anlegen konnten, ohne befürchten zu müssen, daß unser „Wolf" beschädigt würde. Eine ganze Woche kreuzten beide Schiffe umher, um besseres Wetter abzuwarten. Endlich am 18. März wurde es ruhig. 200 Sack Reis für die Besatzung, Kohle, Wasser und Proviant wurden heruntergeholt und in den „Wolfsmagen" verstaut.

Nun sollten aber auch keine Dörrkartoffeln mehr auf den Tisch kommen. Statt dessen gab es jeden Mittag Reis. Die ersten Tage ein Genuß! Aber nachher? Wir Deutschen sind doch kein Reis essendes Volk. Kein Mensch konnte nach kurzer Zeit mehr Reis sehen — ich heute noch nicht. Schließlich ist es noch mehreren meiner Kameraden ebenso ergangen.

Am 19. März setzte wieder schlechtes Wetter ein, und nun wurden die restlichen Vorräte der „Wordsworth" in Booten zu uns herübergeholt. Die Besatzung bezog Quartiere auf „Wolf", und am 21. März 1917 wurde die „Wordsworth" versenkt.

Eine solche Versenkung ist immer wieder interessant. Bei einer Wassertiefe von mehreren tausend Meter kommt das versenkte Schiff nicht auf den Grund. Wird der Wasserdruck zu groß, so brechen die Masten ab und schießen haushoch aus dem Wasser. „Wolf" hielt sich immer in solcher Entfernung auf, daß wir gegen diese Art Wurfgeschosse gesichert waren.

Unser Kurs führte nach Australien. Die Gefangenen erzählten, daß durch unsere Minen bereits 21 Schiffe und zwei Kreuzer beschädigt bzw. gesunken seien. Wieweit diese Nachricht zutraf, konnte nicht festgestellt werden. Der Engländer meldete ja auch nur das, was nicht zu verschweigen war.

Bei rauhem, stürmischem Wetter hielten wir südlichen Kurs. Am 30. März kam ein Segelschiff in Sicht. Hier war es nicht nötig, vom Warnungsschuß Gebrauch zu machen. Noch einige tausend Meter von uns ab zeigte er bereits die englische Flagge und folgte unserem Signal, sofort zu stoppen, umgehend. Das Prisenkommando meldet den englischen Segler „Dee", von Mauritius nach Neuseeland unterwegs. Geladen hatte er nichts. Die Besatzung bestand aus dem englischen 65jährigen Kapitän und aus Negern. Die Engländer hatten draußen derartige Greuelnachrichten über uns verbreitet, daß die Neger vor uns Angst hatten und alle glaubten, sie würden über Bord geworfen. Um diesen Tod leichter ertragen zu können, hatte die ganze Gesellschaft außer dem Kapitän sich so stark betrunken, daß wir gezwungen waren, die Leute mit dem Kran auf „Wolf" zu übernehmen.

Der Segler wurde gleich versenkt, und es war rührend, wie der alte Kapitän, der dieses Schiff schon 25 Jahre fuhr, mit der Mütze in der Hand und Tränen in den Augen dem Untergang seines

Schiffes zusah. Schwimmende Bretter zeigten die Stelle der Versenkung an.

War bis dahin unter den Gefangenen Ruhe gewesen, so ging jetzt der Streit los. Den Engländern paßte es nicht, daß sie mit Negern in einem Raum wohnen sollten. Sie wollten besondere Kabinen haben. Unser Kommandant war anderer Meinung. An der Westfront waren die Schwarzen gut genug, so sollten sie auch jetzt mit den Engländern zusammen leben.

Die nächsten Tage verliefen ruhig, nur Regen und immer wieder Regen, dazu eine Kälte, die wir empfindlich merkten. Der Tropenaufenthalt machte sich bemerkbar. Am 6. April 1917 hatte „Wolf" eine Strecke zurückgelegt, die dem Erdumfang gleichkam.

Ende April fingen wir einen Funkspruch auf, daß bei Samoa der „Seeadler" unter Graf Luckner gesichtet sei. Späterhin war „Wolf" in seiner Nähe.

Da „Wolf" von der langen Fahrt mal ruhebedürftig war, um die Maschinen usw. gründlich nachzusehen, suchten wir einen geeigneten Ankerplatz, der vor Überraschungen geschützt war. Jeden Tag wurden Funksprüche aufgefangen. Ein Amerikaner rief um Hilfe, da er sinke. Sollte es schließlich eine Falle für „Wolf" sein?

Am 5. Mai kam Land in Sicht, die Antipoden. Die Insel war vollkommen kahl und ungeeignet als Ankerplatz. Die Fahrt ging daher wieder nördlich. Bei dem schweren Seegang kam „Wolf" kaum vorwärts. Handelsdampfer schien es nicht mehr zu geben. Der Ozean war leer. Wochenlang wurde nichts gesichtet. Unser Flugzeug unternahm jeden Tag Flüge, doch stets ohne Erfolg.

Am 27. Mai sichteten wir wieder Land, und zwar die Sonntagsinseln im Stillen Ozean, die am 1. Pfingstfesttag erreicht wurden. Während der Feiertage sollte die Besatzung nun die unbewohnte Insel aufsuchen. Bei der Insel herrschte aber eine so starke Brandung, daß ein Hinüberkommen stets mit einem nassen Bade endete. Nach vorgefundenen Aufzeichnungen ist die Insel bewohnt gewesen. Eine Unmenge wilder Ziegen und Vögel waren aber jetzt die einzigen Lebewesen. So gab es eines Tages Bockbraten. Ein junges Tier, welches mitgebracht wurde, sollte mit Büchsenmilch großgezogen werden, das blieb allerdings ohne Erfolg. Apfelsinen und Bananen gab es ebenfalls auf der Insel. Reichlich wurde davon auf „Wolf" geholt. Der dauernde Genuß von Konserven machte sich schon bemerkbar. Skorbut und Beriberi traten bei der Besatzung auf. Gegen Malaria gab es jeden Mittag Chinin.

„Wölfchen" kapert einen Dampfer

Als die Feiertage vorüber waren, sollte die Arbeit beginnen. Ein Schiff konnte hier nach unserer Ansicht nicht erscheinen. Also wurden im Maschinenraum die Maschinen auseinandergenommen, an Deck wurden Kohlen von achtern nach vorn transportiert. So wurde der „Wolf" zu neuen Taten überholt und jeder hatte seine Arbeit. Nachmittags um 4 Uhr kam plötzlich ein Dampfer um die Insel gefahren. Unser erster Gedanke war: Ein feindlicher Hilfskreuzer. Alles sprang aus den Kohlenbunkern an die Geschütze. „Wolf" war in diesem Moment nur eine Zielscheibe, da die Maschine auseinandergenommen war. Doch welche Wendung! Kaum hatte uns der Dampfer gesehen, machte er kehrt. Er schien eine Ahnung zu haben, wer wir waren. Entkommen durfte er uns nicht. Mit seiner Funkentelegraphie hätte er uns verraten.

Unser Flugzeug „Wölfchen" sollte nun zeigen, was es leisten konnte. Schnell ein paar Bomben an Bord und Wölfchen flog davon. Die Flieger strahlten vor Freude. In der Nähe des Dampfers angekommen, wurde ihm eine Bombe vor den

Bug und ein Sandbeutel mit entsprechender Anweisung auf das Deck geworfen. So dauerte es dann auch nicht lange, und Wölfchen kam mit dem großen Dampfer bei uns an. Es war der Engländer „Wairuna" mit einer Ladung Gummi, 1100 Tonnen Kohle an Bord und vielen Lebensmitteln. So etwas wurde schon lange gesucht. Sofort legten sich beide Schiffe nebeneinander und lebhaft ging es an die Übernahme der Güter. „Wolf" lag durch den vielen Kohlenverbrauch ziemlich hoch aus dem Wasser. Jetzt war Gelegenheit, die leeren Räume mit Gummi für die Heimat zu füllen. Tag und Nacht wurde gearbeitet. Das Essen war in Anbetracht der vielen gekaperten Lebensmittel gut. Es gab sogar einige Male frische Kartoffeln. Nachdem alles Brauchbare übernommen war, wurden Schießübungen abgehalten. Der Dampfer war das Ziel. Obwohl jeder Schuß saß, dauerte es doch Stunden, ehe der Dampfer sich bequemte, unterzugehen.

In der Zwischenzeit kam schon wieder ein Segelschiff, der Engländer „Winslow", in Sicht. Auch dieses wurde von unserem Flugzeug gekapert. Er hatte Schamottesteine und Kohlen geladen. Beides wurde benötigt. Auf einem Schiff kann man eben alles gebrauchen. Wir konnten wirklich sagen: Wenn die Not am größten, war der Engländer uns am nächsten. — Die Besatzung des „Winslow" bestand aus Neutralen, die später bei uns mitgearbeitet haben. Das Schiff wurde drei Tage später versenkt.

Durch die Neutralen erfuhren wir nun von unseren Erfolgen. Überall waren Schiffe gesunken. Der Engländer sprach immer von Höllenmaschinen, die heimlich auf den Schiffen angebracht wären und nach Tagen auf See zur Explosion kämen. Durch Zeitungen erfuhren wir nun auch, daß die „Möwe" im März 1917 zurückgekommen war, während seinerzeit der Engländer meldete, „Möwe" sei vernichtet. Man wußte überhaupt nicht mehr, was richtig war.

Nachdem unser Schiff überholt war, sollte unsere nächste Aufgabe sein, wieder Minen zu legen. Inzwischen wurde aber ein Funkspruch aufgefangen, daß ein Dampfer mit Silberladung diese Gegend passieren sollte. Dies Geschäft mußte gemacht werden. Dauernd summte „Wölfchen" in der Luft, konnte aber bei seiner Rückkehr niemals etwas melden. Nur ein 14 000 Tonnen großer Passagierdampfer war in unserer Nähe. Was sollten wir aber mit den vielen Menschen anfangen? Abgesetzt sollten keine Gefangenen werden, und wo sollte der ganze Proviant herkommen? So konnte er weiterfahren.

Am 25. Juni machten wir die Entdeckung, daß zwei englische Gefangene vom „Wolf" verschwunden waren. Bei den Sonntagsinseln waren sie unbemerkt über Bord gesprungen und an Land geschwommen. Scheinbar glaubten sie, ihrer Regierung hierdurch einen besonderen Dienst zu erweisen. Späteren Meldungen zufolge sollen sie ein Jahr auf der Insel geblieben sein, ehe ein vorbeifahrendes Schiff sie entdeckte. Wir zogen daraus die Lehre, von nun an die Gefangenen etwas strenger zu halten.

Wir nahmen nordwestlichen Kurs. Am Abend sollten bei Neuseeland Minen gelegt werden. Um 8 Uhr kam das Leuchtfeuer vom Kap Maria von Diemen in Sicht, um 10 Uhr fiel die erste Mine. Mit 25 Stück wurde das Fahrwasser verseucht. Ungefähr 1500 Meter waren wir vom Land ab. Aber was braucht ein Seemann an Land zu gehen, wenn er das Land vom Schiff aus sieht!

Verschärfte Kriegswache war aufgezogen, da uns dauernd einige Kreuzer mit ihrer Funkentelegraphie belästigten. Gesehen haben wir sie nicht. Jetzt meldete der Engländer, daß „Wairuna" von einem Hilfskreuzer gekapert sei. Mit südöstlichem Kurs ging es in großer Fahrt unserer nächsten Aufgabe zu. Wir näherten uns Wellington, wo am Abend Minen gelegt werden sollten. Vormittags sichteten wir das 3000 Meter hohe Eckmondgebirge am Eingang der Cookstraße. Kriegswache blieb auf Station. Um 6 Uhr hörten wir Funkentelegraphie von einem Kreuzer, der sich mit Wellington unterhielt. Die Ausguck=

posten wurden verschärft, mit scharfen Nacht=
gläsern wurde dauernd der Horizont abgesucht.
Mit dem Legen von 35 Minen wurde um
10 Uhr begonnen, und um 12 Uhr nachts war das
„Eierlegen" beendet. Nach Erfüllung dieser Auf=
gabe ging es mit äußerster Kraft zurück. Gegen
Morgen erhielten wir einen Funkspruch, daß der
9000 Tonnen große Passagierdampfer „Mon=
golia" vor Bombay gesunken sei. Nur zwei
Boote sollten gerettet sein. Bei schönstem
Wetter wurde am 29. Juni ein Dampfer ge=
sichtet. Um uns aber nicht zu verraten, wichen
wir durch Gegenkurs aus. Mittags um 2 Uhr
kam der zweite Dampfer in Sicht. Wieder
ändern wir den Kurs, da wir unbemerkt bleiben
wollten, und so durfte er weiterfahren. Von
überallher trafen Nachrichten von Verlusten ein,
so auch wieder von Kapstadt.

Australische Kriegshäfen werden verseucht

Das Wetter wurde schlechter, und die Fahrt mußte verlangsamt werden; am 3. Juli kam Land in Sicht. Das Südkap von Australien. Die Kriegshäfen von Melbourne und Sidney sollten noch "Wolfs" Besuch erhalten. Abends näherten wir uns der Küste. Um halb acht Uhr kam ein verdächtiges schnelles Fahrzeug in Sicht. Sofort klar Schiff zum Gefecht. Wir wurden aber nicht angehalten. Um 8 Uhr fiel die erste Mine, und es waren bereits 10 Stück gelegt, als von allen vier Seiten Dampfer in Sicht kamen. Also mußten wir unsere Arbeit unterbrechen, aber nach zwei Stunden konnten wir weitermachen, und um zwei Uhr nachts war unsere Aufgabe erfüllt. Nordöstlich nahmen wir dann Reißaus, wobei das dunstige Wetter ein guter Bundesgenosse war. Am 7. Juli waren in unserer Nähe nicht weniger als sieben feindliche Fahrzeuge zu hören. Wo die den "Wolf" nur suchten?

Nach drei Tagen machten sich die Minen von Südkap bemerkbar. Ein Funkspruch besagte, daß der mit 16 000 Tonnen Gefrierfleisch beladene Dampfer "Cumberland" am Sinken sei. Hilfe eilte von allen Seiten herbei. Helfen konnte ihm aber keiner mehr. Die Fleischladung war für England bestimmt gewesen.

Nach allen Richtungen warnt der Engländer jetzt vor dem deutschen Hilfskreuzer. Zehntausend Pfund Sterling werden für den ausgesetzt, der uns erwischt. Nette Aussichten, um mit einem Kreuzer zusammenzutreffen.

Am 9. Juli wurden die Tropen wieder erreicht. Nachmittags kam ein Segler in Sicht. Auf 1000 Meter wurde herangefahren. Nachdem die Harmlosigkeit des Seglers festgestellt war, sollte kein Warnungsschuß abgefeuert werden. Zur Vorsicht wurden aber die Klappen geöffnet und die Geschütze auf den Segler gerichtet. Zu unserem Schreck mußte aber festgestellt werden, daß eine Frau und ein Kind an Bord waren. Unser Kommandant war zwar kein Freund des Gedankens, Frauen an Bord zu haben, falls es mal zu einem Gefecht kommen würde. Zu gern hätte er den Segler laufen lassen, doch ging es nun nicht mehr. Nachdem das Schiff von der Prisenbesatzung beschlagnahmt war, stellte es sich heraus, daß es der amerikanische Segler „Beluga" war. Die Besatzung bestand aus zwölf Mann.

Das Prisenkommando war kaum auf dem Segler angekommen, als der Ausguck schwere Rauchwolken an Steuerbord meldete. Der erste Gedanke war: ein Kreuzer! Sämtliche Geschütze und Torpedos waren klar. Unter Führung von Leutnant Rose blieb „Beluga" für sich.

Später stellte es sich durch Fliegeraufklärung heraus, daß es ein Handelsdampfer war, der unsern Kurs fuhr. Der sollte dann am nächsten Morgen gekapert werden. Die Nacht war aber so dunkel, daß er entwichen ist, und selbst „Wölfchen" konnte ihn nicht wiederfinden.

Wir fuhren zurück zum Segler. Als Ladung hatte der 600 Kisten Benzin. Das war für unsere Flieger sehr willkommen. Unser Vorrat war sowieso knapp. Nun waren wir aus aller Sorge wieder heraus. Nachdem genügend Benzin sowie sämtlicher Proviant übernommen war, wurden die Leute auf „Wolf" geholt.

Über sieben Monate war „Wolf" bereits auf See. Ein weibliches Wesen hatte solange noch keiner gesehen. Alles war neugierig. Doch als die Frau „Wolf" betrat, mußten alle Mann unter Deck. Keiner sollte sie sehen.

Nachmittags gegen 4 Uhr wurde „Beluga" in Brand geschossen. Haushohe Flammen schlugen empor. Durch das Benzin war es ein einziges Flammenmeer. Um 8 Uhr abends war der Feuerschein noch zu sehen.

"Wölfchen" macht Bruch

Nach weiterer Beute gierig, mußte das "Wölfchen" aufsteigen. Doch dieses Mal war es vom Pech verfolgt. Beim Landen, etwa 3000 Meter vom "Wolf" entfernt, war es zu stark aufs Wasser aufgeschlagen und die Stützen waren gebrochen. "Wölfchen" versuchte unterzugehen. Die beiden Flieger saßen oben auf dem steilen Schwanzende, nur noch zwei Meter über dem Wasser, umgeben von einer Anzahl Haifische.
Sofort zwei Boote zu Wasser, kopfüber sprang die Besatzung hinein, um ja die Flieger zu retten. Beim Flugzeug angekommen, tauchte gleich ein Matrose, der Haifischgefahr nicht achtend, mit einer Leine unter das Flugzeug, um es hoch zu halten. "Wölfchen" war gerettet und wurde auf "Wolf" übernommen. Doch war "Wolf" nun einer tüchtigen Waffe beraubt. Dank unseres Erfindergeistes halfen wir uns aber auch hier wieder. Die Tragflächen wurden mit Betttüchern überspannt, die Stützen wurden durch neue ersetzt, die Schwimmer ausgebessert. Es dauerte auch nicht allzulange, so konnte "Wölfchen" wieder starten.

Am 14. Juli kam der amerikanische Segler „Encore" mit einer Holzladung in Sicht. Wegen des schlechten Wetters konnte aber kein Boot ausgesetzt werden, und so mußte der Segler einige Tage mit uns weiterfahren. Am 17. Juli wurden die Leute und der Proviant übernommen, danach das Schiff mit Benzin übergossen und in Brand geschossen.

Mit dem alten Kurs wurde die Fahrt fortgesetzt, immer auf der Suche nach weiterer Beute. Wir befanden uns in der Nähe der Fidschi-Inseln. Starker Regen setzte ein. Dadurch entging ein Dampfer seinem Schicksal. In den Regenböen war er nicht mehr aufzufinden. Doch nutzten wir den tagelangen starken Regen und fingen wenigstens das Wasser auf.

Am 25. Juli erhielten wir einen Funkspruch, daß in Rußland die Revolution ausgebrochen sei. Für uns die Hoffnung, daß der Krieg bald beendet sein würde. Unser Flugzeug war inzwischen wieder soweit hergestellt worden, daß es seine erste Probefahrt machen konnte. Am 31. Juli meldete ein Funkspruch, daß von Sydney der Dampfer „Matunga" ausgelaufen sei mit dem Ziel Rabaul in Neu-Mecklenburg. Die Ladung bestand aus Kohle und Proviant. Da uns nun der Kurs des Schiffes bekannt war, konnte leicht errechnet werden, wann es in unserer Nähe sein mußte. Täglich hielt das Flugzeug nach ihm Ausschau. Mit kleiner Fahrt patrouillierte

„Wolf" die Fahrstraßen ab. Es vergingen Tage, aber „Matunga" kam nicht. Bis Sonntag, den 5. August, wollte „Wolf" noch abwarten, wenn es dann nicht kam, war das Schiff uns wohl doch durch die Lappen gegangen. Scheinbar hatte es eine andere Fahrstraße eingeschlagen. Wir haben gewartet, leider erfolglos, am Sonntag abend verließ „Wolf" diese Gegend.

Im letzten Moment hat sich „Matunga" dann selbst verraten. Abends um 10 Uhr fingen wir einen Funkspruch nach Rabaul ab, daß sie morgens um 6 Uhr dort einlaufen wollte. Es sollte alles vorher zur Kohlenentnahme fertiggemacht werden. Gleichzeitig gab das Schiff seinen genauen Standort an. Nun war es ein Leichtes, es aufzuspüren.

Um vier Uhr war Wecken, um fünf Uhr wurde der Dampfer bereits gesichtet. Wir waren ungefähr noch 30 Kilometer vom Hafen Rabaul entfernt. Es mußte also sehr vorsichtig zu Werk gegangen werden. Ein Warnungsschuß durfte nicht fallen. Auf ungefähr 200 Meter liefen wir neben „Matunga" her. Dort schien noch alles zu schlafen. „Wolf" setzte das Motorboot aus, Kriegsflagge und Wimpel gingen hoch und das Signal, sofort zu stoppen. „Matunga" folgte sofort. Das Prisenkommando erschien auf dem Dampfer. Der Kapitän war ganz erstaunt, auf einmal einen deutschen Seeoffizier in seiner Kajüte zu sehen. Für „Wolf" allerdings war es

Englischer Dampfer „Jumna" (S. 11)

„Wordsworth" sinkt (S. 50)

„Wairuna" wird zerschossen (S. 55)

höchste Zeit, zu verschwinden. Die englischen Offiziere wanderten auf „Wolf" über und mit Hilfe des Prisenkommandos folgte uns „Matunga".

Ein englischer Gouverneur wird „geschnappt"

Das war ein feiner Bissen für den „Wolfs"magen. Unter andern war der englische Gouverneur mit seinem Stab an Bord, der unsere ehemals deutsche Kolonie Neu-Guinea übernehmen sollte. Drei Reitpferde und 500 Tonnen Kohle, für einen englischen Zerstörer in Rabaul bestimmt, waren die Beute. Uns konnte ja der Zerstörer nichts anhaben, da ihm die Kohlen zu unserer Verfolgung fehlten.

Der Kapitän der „Matunga" hatte jedenfalls keine Ahnung, wie es im Kriege zuging. Schon bei seinem Erscheinen auf „Wolf" hatte er allerlei Wünsche. Durch Funkentelegraphie sollte seine Frau benachrichtigt werden, daß er bei uns in Gefangenschaft sei. Ferner wollte ihm der Tee nicht schmecken, und er verlangte, daß wir seinen Sektvorrat von der „Matunga" holten. Versprochen haben wir ihm alles, nur gab es keine Zeit für solche Sachen. Überdies verlangte er nach einem Bade. Die Ordnung des Wasserholens sagte ihm gar nicht zu. Ein Portugiese gab das Wasser für die Gefangenen aus. Jeder bekam einen Liter wie wir. Der Austeiler hatte nun die größte Freude, wenn er jeden Morgen etwas Wasser übersparen und wieder abliefern konnte. Der „Matunga"-Kapitän natürlich hatte es nicht nötig, sein Wasser zu holen. Wir hatten schließlich auch kein Interesse daran, ob er sich wusch oder nicht. Nach drei Wochen war er jeden Morgen beim Wasserempfang zu sehen. Unter den „Matunga"-Gästen befanden sich auch zwei Frauen. Die eine, die Frau eines Arztes, die andere, eine holländische Stewardeß. So hatten wir nun drei Frauen an Bord.

Während unserer Fahrt nach einem Liegeplatz zur Entleerung des Schiffes wurde die „Matunga" dauernd durch Funkentelegraphie angerufen. Sie sollte sich melden. Diese Neugierde des Engländers haben wir allerdings nicht befriedigt. „Matunga" wurde vom „Wolf" mit seinen scharfen Zähnen festgehalten.

Wir steuerten die Insel Weigö auf Neu-Guinea an, um dort die Vorräte der „Matunga" zu übernehmen. Die Insel soll holländisches Gebiet sein. Mit westlichem Kurs fuhren wir dem Äquator zu.

Am Sonntag, dem 13. August, kam die Insel in Sicht. Der Flieger stieg auf, um festzustellen, ob die Bucht der Insel rein war. Alles wurde nun zur Kohlen- und Proviantübernahme fertiggemacht. Da es hier eine Menge Korallenriffe gab, fuhr das Motorboot voraus, um die Wassertiefen festzustellen. In dieser Gegend ist wohl vorher kaum ein Schiff gefahren. Nach einigen Bogenfahrten lagen wir in einer wunderbaren, von hohen Palmen und Bergen umgebenen Bucht.

Um vor Überraschungen geschützt zu sein, wurde das Motorboot mit einer Sendeanlage ausgerüstet und fuhr vor die Insel auf Vorposten. „Wolf" ging nun dazu über, seine Beute zu verstauen, und immer aufs neue wurde gestaunt, was dieser Dampfer alles geladen hatte. Ein Warenhaus war nichts dagegen.

Wir hatten hier eine Wärme von 65 Grad in der Sonne. Essen konnte man dabei nichts. Dafür hatte aber „Matunga" 2000 Kisten Bier, jede Kiste mit 48 Flaschen, geladen. Das war für die durstigen „Wolfs"kehlen gerade recht. Die Arbeit der Übernahme der Vorräte dauerte genau drei Wochen. Viel Bier brauchte allerdings nicht mehr übernommen zu werden. Treibende leere Flaschen und Strohhülsen am Ufer legten Zeugnis davon ab, was 300 Mann in drei Wochen bei 65 Grad Wärme vertilgen können.

Die Insel war von Schwarzen bewohnt, die mit ihren langen Haaren vollkommen wild aussahen. Es wurde ein reger Tauschhandel getrieben. Auf alle Arten von Schneidewerkzeugen hatten es die Schwarzen vor allen Dingen abgesehen. Zerbrochene Scheren und Messer wurden gegen Obst getauscht, auch Papageien und alles mögliche

andere wurde gehandelt. Ein kleines Sumpf=
schwein wurde gegen einen dicken Rock und einen
alten Hut erstanden.

Um einmal Umschau zu halten, ging ein kleines
bewaffnetes Kommando vom „Wolf" an Land.
Scheinbar mußten kurz vorher unter zwei Stäm=
men Unruhen gewesen sein, denn es wurden Tote
vorgefunden, die nicht beerdigt waren. Frisch=
wasser, welches auf der Insel gesucht wurde, war
jedoch nicht vorhanden.

Eines Abends hatten wir bemerkt, daß Gefangene
wieder etwas vorhatten. Nun wurde scharf auf=
gepaßt. Mitten in der Nacht Alarm! Ge=
fangene sollten über Bord gesprungen sein. Mit
Scheinwerfern suchten wir das Wasser ab.
Fische und Krokodile, die es hier in Unmengen
gab, tauchten, durch das Licht angelockt, dauernd
aus dem Wasser hoch, und es sah aus, als wenn
jemand schwamm. Eine wüste Schießerei setzte
ein. Dann mußten sämtliche Gefangenen an
Deck antreten. Es stellte sich aber heraus, daß
keiner fehlte. Einer der Gefangenen hatte in der
Nacht einmal einen stillen Ort aufsuchen wollen,
und der Posten nahm in seiner Aufregung an, daß
jemand ausrücken wollte. Den Schwarzen war
die Schießerei dermaßen in die Glieder gefahren,
daß sich tagelang kein Boot mehr sehen ließ.

Eine kleine Sorge bereiteten uns noch die drei
Pferde. Was damit machen? Der Komman=
dant hielt Umfrage über den Verwendungszweck

der Tiere. Die meisten stimmten für Schlachten, da wir Frischfleisch gebrauchen konnten. Viele wollten vom Pferd nichts essen. Der Kommandant aber hatte es verstanden, alle an der Nase herumzuführen, und jedem einzelnen ohne Ausnahme hat es dann doch geschmeckt.

Die „Matunga" war uns so wertvoll, daß wir alles bis aufs letzte herausgeholt haben. Sie wurde besenrein gemacht. Während der Arbeiten stand unser Flugzeug an Deck. Eines Nachts waren durch Funkenflug Löcher in die Tragflächen gebrannt. Mit Seide von „Matunga" wurde der Schaden wieder behoben.

Wir waren nun schon dreiviertel Jahr auf See, so daß die Torpedos mal ausprobiert werden mußten. Übungsköpfe wurden aufgesetzt und in der Bucht ein regelrechtes Übungsschießen abgehalten. Wie im Heimathafen fühlten wir uns auf unserem Liegeplatz. Ich glaube, wir könnten heute noch dort liegen, denn gefunden hätte uns der Engländer nicht.

Minen vor Singapore

Die „Matunga" wurde am 24. August vor der Insel versenkt. Unsere letzte Aufgabe sollte erfüllt werden. Singapore mußte noch unseren Besuch erhalten, dann konnten wir an die Rückfahrt denken.

Die Fahrt ging durch die Inselgruppen Sumatra, Java, Borneo und Celebes. Auf diesem Wege hatten wir dauernd an beiden Seiten Land. Es herrschte hier ein reger Dampferverkehr. Kapern konnte nicht in Frage kommen; denn erst mußten vor Singapore die letzten Minen gelegt sein. „Wolf" mußte ungesehen dort erscheinen, deshalb wurden alle Fahrzeuge durch Gegenkurs umgangen, und wenn es gar nicht anders ging, wurde eine falsche Flagge gezeigt.

Sonntag, den 2. September, passierten wir Java. Ein mächtiger, feuerspeiender Berg wurde gesichtet. „Wolf" setzte seine Fahrt ruhig fort. Gegen Abend plötzlich Alarm. Voraus war ein Kreuzer in Sicht. Ich hatte an diesem Tage Geburtstag, und wir glaubten schon an ein Ende der Fahrt. Die Engländer an Bord freuten sich bereits, befreit zu werden. Die Gefangenen waren nämlich der Ansicht, daß sich „Wolf" in kein Gefecht einlassen dürfte, solange sie noch an Bord seien. Nachdem ihnen aber klargemacht war, daß es bei uns nur Sieg oder Untergang geben würde, hielten sie es doch für besser, wenn wir keinem Kreuzer begegneten.

Für die Begegnung mit einem Kreuzer hatten wir besondere Anweisungen. Erstens sahen wir ja schon von weitem, daß ein Kreuzer kam, dieser hatte aber keine Ahnung, wen er vor sich hatte. Bei der Begegnung zweier Schiffe auf See steht die Besatzung immer neugierig an der Bordwand. Wir durften das nicht, denn wir wußten, worum es ging. Die Kreuzerbesatzung aber wäre sicher neugierig gewesen. Um zu erfahren, wer wir eigentlich wären, hätte „Wolf" untersucht, oder unsere Schiffspapiere auf den Kreuzer gebracht werden müssen. Ein solches Entgegenkommen hätten wir jedoch nicht gezeigt. Eine Ausrede, unsere Boote wären nicht in Ordnung, oder Krankheit der Besatzung hätten ihn dann veranlaßt, zu uns zu kommen. Zu diesem Zweck mußte der Engländer ein Boot aussetzen und daher sein Schiff anhalten. Sobald das Boot dann ziemlich unten gewesen wäre, wären unsere Klappen gefallen und im selben Moment hätten die vier 15-Zentimeter-Kaliber das Feuer eröffnet, das bestimmt gesessen hätte. Maschinengewehre hätten eingegriffen und das Flugzeug Bomben abgeworfen. Zwei Torpedos, einer vor und der andere hinter das feindliche Schiff geschossen, würden ihr Ziel auch nicht verfehlt haben. Sobald der Kreuzer Torpedolaufbahnen gesehen hätte, würde er mit seinem Schiff entweder vorwärts oder rückwärts versuchen auszuweichen. Dann hätten die Torpedos bestimmt getroffen. „Wolf" mußte die Oberhand behalten. Nach Möglichkeit sollten aber solche Zusammenstöße vermieden werden.

Der englische Kreuzer hatte uns nicht bemerkt, trotzdem wir nahe an ihm mit abgeblendetem Schiff vorbeifahren mußten.

Am 5. September legten wir 110 Minen vor Singapore. Mit dreifachem Hurra wurde die letzte Mine hinabgelassen.

Jetzt sollte die Heimfahrt angetreten werden. Mit großer Mühe und viel List konnten wir dem dauernden regen Dampferverkehr ausweichen; denn wir wollten den Indischen Ozean erreichen, ohne daß wir gesehen wurden.

Schon am 6. September lief ein japanischer Kreuzer auf eine unserer Minen. Wir hatten Pech. Die ganze Gegend wurde mobil gemacht, um „Wolf" zu fangen. Von einem Dutzend feindlicher Kriegsfahrzeuge waren Funksprüche zu hören. Sämtliche Ausfahrtstraßen mußten besetzt sein.

Der Kommandant hatte die Absicht, irgendeinen Schlupfwinkel aufzusuchen, zwei bis drei Monate dort liegen zu bleiben und dann, nachdem keiner mehr an uns dachte, wieder auszulaufen. Ein Versteck für ein so großes Schiff war aber nicht zu finden. Es blieb uns also weiter nichts übrig, als auf gut Glück die Ausfahrt zu versuchen. Es wurde nun eine Straße gewählt, die sicher noch nie ein Schiff passiert hatte. Mir ist der Name unbekannt. „Wolf" hatte neun Meter Tiefgang, die Wassertiefe wechselte zwischen zehn und dreizehn Meter. Sollten wir nicht durchkommen, so war beabsichtigt, die Geschütze abzumontieren und an Land in Stellung zu bringen. Doch wurde das nicht nötig. Das Schraubenwasser war zwar von dem aufgewühlten Sand gelb, doch kamen wir mit ganz langsamer Fahrt glücklich durch und erreichten gegen Morgen den Indischen Ozean.

Während der Durchfahrt durch die schmalen Gewässer spielte uns der „Turritella"-Kapitän wieder einen neuen Streich. Er übergab dem Meere eine Flaschenpost. Ausrichten konnte diese aber nicht viel, denn die Strömung brachte sie in stille Gebiete. Der Kapitän wurde nunmehr sofort in Haft genommen. Zu gern wollte er den „Wolf" doch noch in feindliche Hände bringen.

Ein Japaner wird zur Ordnung gebracht

Mit westlichem Kurs ging es nun wieder auf Kaperkrieg. Vierzehn Tage zogen wir umher, ohne jedoch etwas anzutreffen. Wenn wir Weihnachten zu Hause sein wollten, mußte sich noch vieles ändern. Der Kohlenvorrat ging zu Ende. Kam kein Kohlendampfer, so konnten wir überhaupt nicht heimfahren. Wir waren ja nun bereits über zehn Monate auf See.

Am 25. September kamen wir in eine Dampferstraße. Der Flieger wurde aufgetakelt. Der Motor machte gerade seinen Probelauf, als gegen elf Uhr vormittags eine schwere Rauchwolke achteraus in Sicht kam. Gegen halb zwölf Uhr war „Wölfchen" zurück und meldete einen Handelsdampfer, mindestens doppelt so groß wie „Wolf". Es wurde sofort kehrtgemacht, um dem Dampfer entgegenzufahren. Als wir auf 2000 Meter heran waren, stellten wir fest, daß der Dampfer bewaffnet war. Unsere Geschütze standen klar zur Salve. Gleichzeitig fielen die Klappen, und die Kriegsflagge ging hoch. Signale, sofort zu stoppen und keine Funktelegraphie zu gebrauchen, wurden von „Wolf" gegeben.

Nachdem der Dampfer gesehen hatte, wer wir waren, drehte er sofort und wollte das Gefecht eröffnen. Die Geschützbedienung des Dampfers hatte gerade geladen, als „Wolf" zuvorkam und eine Salve an das feindliche Geschütz setzte. Die Geschützbedienung war nicht mehr zu sehen, eine Menge Menschen schwammen im Wasser. Eine zweite Geschützbedienung wollte feuern. Es ging ihr genau so wie der ersten. Jetzt funkte der Dampfer S.O.S. Unsere Funktelegraphie funkte aber sofort dazwischen. Eine Salve in die Funkstation war der Erfolg seines Hilferufes. Rettungsboote wurden kopflos zu Wasser ge= lassen. Lust zum Ergeben hatte er aber noch nicht.

Er heulte dreimal mit der Sirene, ein Zeichen für uns, daß er zurückgehen wollte. Wir manö= vrierten danach, um einen Zusammenstoß zu ver= meiden. Auf dem feindlichen Dampfer war scheinbar kein Mensch mehr auf seiner Station. Endlich hielt das Fahrzeug an, und unser Prisen= kommando fuhr hinüber. Rettungsboote des „Wolf" wurden ausgesetzt, um die noch im Wasser Schwimmenden zu retten. Die Ret= tungsboote des feindlichen Dampfers wollten sich schnell von uns entfernen, und es kostete viel Mühe, sie wieder einzufangen. Das Prisen= kommando meldete uns den japanischen Dampfer „Hitachi Maru" mit einer Ladung Gummi, Messing, Zink, Leder und viel Proviant nach England unterwegs.

Ein Arbeitskommando wurde hinübergeschickt, um die Schäden der Beschießung auszubessern und die Toten zu bergen. Durch das sinnlose Handeln des Kapitäns waren eine ganze Reihe Opfer zu beklagen. Drei Mann wurden gänzlich vermißt. 117 Überlebende des Dampfers, darunter Frauen und Kinder, kamen auf den „Wolf". Der Kapitän, ein alter Offizier, war aber nicht zu bewegen, sein Schiff zu verlassen, und mußte gewaltsam von Bord geholt werden. Er machte sich scheinbar doch Vorwürfe. Auch die Vorhaltungen unseres Kommandanten, wie er sein Geschütz gegen einen weit überlegenen Hilfskreuzer gebrauchen konnte, rührten ihn nicht: später hat er dann Selbstmord verübt.

Der Wert der Ladung soll 80 000 000 betragen haben. Man ging nun zunächst daran, alle Schäden soweit zu beseitigen, daß „Hitachi Maru" wieder fahren konnte. Am 27. September war es soweit. Der Dampfer wurde auf den Namen „Lux" getauft und von Leutnant Rose befehligt.

Um die Beute richtig übernehmen zu können, fuhren wir nach den Malediven im Indischen Ozean und begannen am 29. September mit der Übernahme der Güter auf „Wolf". Es stellte sich heraus, daß der Dampfer so wertvoll war, daß es sich lohnen würde, ihn mit nach Deutschland zu nehmen. Zu dieser Reise aber brauchte „Lux" sehr viel Kohle, „Wolf" aber hatte selbst nicht genug. Es wurde daher beschlossen, „Lux" bei der Insel liegenzulassen, und „Wolf" begab sich auf die Suche nach Kohlen. Vorher hatten wir noch die älteren Gefangenen, die Frauen und die Kinder auf „Lux" untergebracht.

„Wolf" ging mit Unterstützung des „Wölfchen" auf die Suche nach einem Kohlendampfer. Doch gingen alle unsere Hoffnungen, bei Madagaskar einen Dampfer zu erwischen, nicht in Erfüllung. Vier Wochen sind wir umhergefahren, ohne auch nur das geringste zu sehen. Unsere Kohlenvorräte gingen ebenfalls zu Ende. So mußte die Rückfahrt zu „Lux" angetreten werden, ohne daß wir den gewünschten Erfolg hatten.

Während unserer Abwesenheit von der Insel hatte sich allerlei zugetragen. Eines Tages war schlechtes Wetter aufgekommen, so daß Leutnant Rose gezwungen war, mit seinem Schiff die Insel zu verlassen, wollte er nicht Leute und Schiff in Gefahr bringen. Einige Tage ist er auf dem freien Ozean umhergekreuzt, bis wieder ruhiges Wetter eintrat. Nach seiner Rückkehr haben ihm die Inselbewohner (Hindus) erzählt, daß ein Kreuzer bei der Insel gewesen sei. Wäre „Lux" also nicht ausgelaufen, so hätten wir ihn verloren.

Tag und Nacht wurde nun die Ladung übernommen. Jeder Winkel wurde ausgefüllt. „Wolf" war endlich satt. Auch in unserer Ernährung trat jetzt eine Wendung ein, da uns

„Hitachi Maru" mit allem versorgt hatte. Am 7. November 1917 wurde der Japaner versenkt. Ungeahnte Werte gingen in die Tiefe.

Hatte der Dampfer selbst uns viel Freude bereitet, so war bei der Besatzung das Gegenteil der Fall. Unter ihr war Typhus ausgebrochen. Es wurden alle Vorbereitungen getroffen, um ein Weitergreifen der Seuche zu verhindern, die für ein Schiff auf hoher See eine große Gefahr bedeutet. Vorher war unter den Gefangenen Ruhe gewesen; jetzt sorgten die Japaner dauernd für Zwischenfälle. Fortgesetzt mußten Kampfhähne getrennt werden. Trauen konnte man den Japanern überhaupt nicht. Eines Tages bei einer Spindrevision wurden Dutzende dolchartiger Messer gefunden.

Der Heimat entgegen

Südlicher Kurs sollte uns nun der Heimat näher bringen. Eines Nachts begegneten wir einem großen Dampfer, der uns dauernd anrief, ohne Antwort zu bekommen. In Sichtweite fuhren wir nebenher, um den Dampfer bei Hellwerden zu kapern; da tauchte plötzlich hinter uns ein abgeblendeter Dampfer auf. Es war ein Hilfskreuzer zum Schutze des ersteren. Bei Hellwerden waren aber beide verschwunden.

An diesem Tage meldete Reuter, daß der „Seeadler" mit Graf Luckner bei Samoa gestrandet sei. Wir dachten der Zeit, wo „Wolf" nur ungefähr 100 Meilen vom „Seeadler" entfernt war.

Am 9. November kam nachts ein Licht in Sicht. Es war ungefähr 60 Meilen von Madagaskar. Auf tausend Meter waren wir morgens heran. Der Dampfer ahnte aber schon, was los war. Ohne daß bei uns ein Schuß fiel, stoppte er und zeigte die spanische Flagge. Das Prisenkommando ging an Bord. Es war der Spanier „Igotz Mendi", ein Neutraler, 7000 Tonnen groß, mit einer Ladung Kohle nach Colombo. Das Schiff wurde beschlagnahmt. Konnte dieser Dampfer nicht früher kommen? Der Japaner brauchte dann nicht versenkt zu werden. Wenigstens hatte aber nun „Wolf" endlich die Kohlen für die Heimfahrt.

Mit nördlichem Kurs ging es nun zu den Albatroßinseln, wo am 12. November die Übernahme von 1000 Tonnen Kohle begann. Fieberhaft wurde gearbeitet. Während der Übernahme waren unsere Leute dabei, auf dem Spanier Wohnräume für die Gefangenen einzubauen. Alles, was nicht wehrfähig war, sollte umziehen. „Igotz Mendi" war für Deutschland bestimmt. Leutnant Rose hatte wieder das Kommando. Am 13. November hörten wir in unserer Nähe Funkentelegraphie eines Kreuzers. Sofort mußte „Wölfchen" zur Aufklärung aufsteigen, bekam aber nichts zu sehen. Am folgenden Tage waren die Funksprüche noch stärker. Alles wurde fertiggemacht, um die Leinen beim Auftauchen des Kreuzers zu kappen (durchzuschneiden). Mit größter Eile wurden die letzten Kohlen übernommen. Es war am 19. November, als das Flugzeug mit zersetzten Tragflächen zurückkam. Die Kohlenübernahme war beendet. Die Schiffe warfen los und jedes erhielt einen neuen Anstrich, der in aller Eile durchgeführt werden mußte. Alles bekam einen Pinsel in die Hand gedrückt, um die Arbeit zu beschleunigen.

Am 21. November bekam „Igotz Mendi" seine Befehle, und mit südwestlichem Kurs trennten wir uns. Je weiter wir südlich kamen, je stärker machte sich die Kälte bemerkbar. Obwohl noch 20 Grad Wärme herrschten, fingen wir schon an zu frieren.

Durch Funkspruch hatten wir erfahren, daß ein Dampfer mit 50 deutschen Kriegsgefangenen unterwegs sei. Dieser sollte gekapert werden. Am 27. November kam dann ein Dampfer in Sicht, der bei Hellwerden gekapert werden sollte; er lief aber zu schnell und war am Morgen bereits verschwunden. Ob es der gesuchte Dampfer war, wissen wir nicht.

Es wurde gedreht, und mit südöstlichem Kurs ging es um Afrika (Kap der Guten Hoffnung) herum. Jetzt machte sich nun ein Zustand bemerkbar, der keinem gefiel; denn unsere Rauchvorräte waren aufgebraucht, obwohl Zigaretten und Tabak gekapert waren. Ohne Wissen des Kommandanten war der Rest für die Offiziersmesse beschlagnahmt worden. Als der Kommandant dies erfuhr, änderte er es sofort, und der Vorrat wurde gerecht verteilt: Offiziere, Deckoffiziere, Unteroffiziere und Mannschaften, alle bekamen ihren Teil. Er war ein strenger, aber gerechter Offizier.

Am 28. November kamen wir in schlechtes Wetter. Es war ein Orkan, wie ihn noch keiner erlebt hatte, er dauerte aber nur vier Stunden.

Am 30. November, morgens gegen 7 Uhr, kam ein Segler auf uns zu, da er nicht wußte, wo er sich befand. Auf sein Signal bekam er einen

„Beluga" wird angehalten (S. 60)

„Beluga" sinkt brennend (S. 61)

"Wölfchen" macht Bruch (S. 62)

"Marechall Davout" sinkt (S. 84)

Warnungsschuß vor den Bug. Sämtliche Segel gingen sofort nieder. Da das Wetter sehr schlecht war, hatte die Prisenbesatzung Mühe, an Bord zu kommen. Es war der amerikanische Segler „John H. Kirby" mit 270 fertigen Automobilen an Bord. Diese waren für die englische Armee in Ostafrika bestimmt. Proviant und Leute wurden in Booten auf „Wolf" geholt. Wie bei jedem gekaperten Schiff fragte auch diesmal der Kommandant, ob noch jemand etwas von dem Schiff gebrauchen könne. Prompt erhielt er die Antwort: „Ein Auto". Wäre nicht zu schlechtes Wetter gewesen, hätten wir es bestimmt wahr gemacht; denn alles beinahe Unmögliche wurde auf „Wolf" möglich gemacht.

Am 1. Dezember mittags wurde der Segler gesprengt, und innerhalb drei Minuten war er verschwunden. Die Autos konnten nun auf dem Meeresgrunde spazieren fahren.

Wieder im Atlantischen Ozean

Mit nordwestlichem Kurs ging die Fahrt weiter in den Atlantischen Ozean. Der Engländer beunruhigte uns jetzt dauernd mit seiner Funkentelegraphie von Kapstadt. Am 5. Dezember trafen wir mit unserm Kohlendampfer zusammen. Er brauchte noch Proviant. Immer nördlicher ging nun die Fahrt, der Heimat zu.

Am 14. Dezember, morgens um 4 Uhr, sichteten wir einen Segler. Beim Näherkommen wurde festgestellt, daß er zwei Geschütze an Bord hatte. Wir fuhren auf 100 Meter heran, dann feuerten wir einen Schuß vor den Bug. Er stoppte sofort. Das Prisenkommando fuhr hinüber. Es war der Franzose „Marechall Davout", 2200 Tonnen groß, die größte Dreimast-Bark der Welt. Die Ladung bestand aus Weizen für Frankreich, die Besatzung aus 34 Franzosen, von denen sechs Marine-Soldaten waren. Mit zwei Booten wurden die Leute, Proviant und die Geschütze heruntergeholt. Bereits um 1 Uhr mittags war der Segler auf dem Meeresgrunde angelangt. Unter anderem hatte er auch ein lebendes Schwein an Bord. Bei der Übernahme fiel es ins Meer und konnte nur mit viel Mühe gerettet werden. Es sollte unser Weihnachtsbraten werden.

Wir mußten nun auch daran denken, unsere restlichen Kohlen für die Heimfahrt zu nehmen und wollten zu diesem Zweck die Trinidad-Inseln in der Höhe von Pernambuco anlaufen. Dort hatte die „Möwe" gelegen. Am Morgen des 19. Dezember sollte die Insel erreicht werden, der Kohlendampfer war ganz in unserer Nähe. In der Nacht fingen wir jedoch von der uns als unbesetzt bekannten Insel einen Funkspruch auf von einem Kreuzer, der nach einem südamerikanischen Hafen eine Nachricht gab. Auf diese Weise hatte der Engländer uns noch rechtzeitig gewarnt. Wäre der Funkspruch nicht erfolgt, so hätten wir uns wohl oder übel in ein Gefecht einlassen müssen. Aufzunehmen wäre es gewesen, aber was konnte alles für „Wolf" daraus entstehen?

Es wurde sofort kehrtgemacht. Die Fahrt ging nun wieder südöstlich. Schon nahte das zweite Weihnachtsfest, und die ersten Vorbereitungen wurden dazu getroffen. Wichtiger war jedoch die Kohlenübernahme, und schließlich blieb uns nichts weiter übrig, als auf hoher See die letzten Kohlen zu übernehmen. Dabei war das Wetter so schlecht, daß an ein Nebeneinanderlegen der Schiffe nicht zu denken war.

Inzwischen kam wirklich Weihnachten heran. Heiligabend war Kirche. Von den gekaperten Sachen wurden kleine Geschenke an die Besatzung verteilt. Frohe Weihnachtsstimmung herrschte aber nirgends. Jeder dachte an die Heimat. Würden wir sie wiedersehen?

Der Wettergott hatte auch am 1. Feiertag kein Einsehen. Unaufhörlich schlingerte das Schiff. Eigentlich hatten wir den Wunsch, daß dieses Wetter Weihnachten anhalten würde; denn dann hätten wir auch mal freie Feiertage gehabt. Bis jetzt waren unsere Sonntage zu zählen. Ab und zu hatte es ja auch mal Ersatz für einen verlorenen Festtag gegeben, aber nur, wenn die Zeit es erlaubte, und die fehlte gewöhnlich.

Gegen Nachmittag wurde die See doch noch ruhiger. Zeit durfte nicht mehr verloren werden, die langen dunklen Nächte brauchten wir an der norwegischen Küste zur Heimfahrt. Endlich gegen 6 Uhr abends kam der erwartete Augenblick. Das Abendbrot war zu Ende, als plötzlich der Pfiff des Wachhabenden alle Mann auf das Verdeck beorderte.

Der Kommandant erschien und hielt folgende Ansprache: „Leute, um in die Heimat zu kommen, benötigt „Wolf" noch 550 Tonnen gleich 11 000 Zentner Kohle. Ich rechne bei diesem Wetter auf zwei bis drei Tage Arbeitszeit. Wenn die Kohlen geladen sind, geht es endgültig zu Muttern!" Was diese Worte nach so langer Seefahrt bedeuten, kann sich jeder denken. Der Kohlendampfer kam längsseits, und mit Wutgebrüll ging es am ersten Weihnachtsfesttag gegen halb sieben Uhr an die Arbeit. Das ganze Schiff lag im Dunkel. Nur in den Kohlenräumen brannte spärliches Licht. Die Übernahme erfolgte nur an einer Stelle in großen Eisenbehältern von je einer Tonne Inhalt. Jede Tonne wurde notiert. Durch die hohe Dünung schlugen die Schiffe aber dermaßen zusammen, daß dauernd 30 bis 40 Mann damit beschäftigt waren, Baumwollballen, die „Wolf" gekapert hatte, zwischen die Schiffe zu legen, um den Druck zu vermindern. Trotzdem war an verschiedenen Stellen die Bordwand eingedrückt, so daß die Pumpen voll zu tun hatten, um das eingelaufene Wasser wieder herauszupumpen.

Es war eine Kohlenübernahme, wie wir noch keine erlebt hatten. Trotz der dauernden Bewegungen beider Schiffe kamen keine Unfälle vor. Jeder gab sein Letztes her, winkte doch die Heimat. Keiner dachte daran, sich auch nur eine Minute zu drücken.

Am zweiten Feiertag gegen 5 Uhr kam der Kommandant zu dem Aufschreiber der Tonnen und wollte die Zahl der übernommenen Kohlen wissen. 540 Tonnen, lautete die Antwort. Dem Kommandanten schien dies unglaubhaft und er mahnte den Aufschreiber, die Wahrheit zu sagen, damit wir nicht kurz vor der Heimat ohne Kohlen seien. Die Anzahl wurde aber noch bestätigt. Gleich darauf kam das Kommando des Kommandanten: „Alle Mann ausscheiden mit Kohlen übernahme!" In 24 Stunden war eine Arbeit bewältigt worden, die sonst zwei bis drei Tage in Anspruch genommen hätte. Solch eine Leistung hatte der Kommandant während seiner langen Dienstzeit noch nicht erlebt. Beide Schiffe wurden losgeworfen. Der erste Offizier befahl rein Schiff. Der Kommandant würdigte aber unsere Leistung und befahl 24 Stunden völlige Ruhe. Sie war verdient. Dann erst wurde rein Schiff gemacht. Wieder hieß es, dem Schiff einen neuen Anstrich geben. Am 30. Dezember wurde der Liegeplatz verlassen. „Jaoß Mendi" fuhr noch mit uns, bekam dann aber Befehl, erst weiter nördlich mit „Wolf" wieder zusammenzutreffen.

Durch die lange Tropenzeit war unser Körper nur an die Wärme gewöhnt. Es mußte etwas unternommen werden, um die Mannschaft wieder abzuhärten. Zu diesem Zweck wurden an Deck einige Duschen angebracht, und jeden Nachmittag mußte jeder herunter; bis auf Null Grad wurde dies täglich durchgeführt. Wohl mancher hielt dabei den Atem an.

Am 4. Januar 1918 meldete der Ausguck einen Segler. Beim Näherkommen entdeckten wir neutrale Farben. Er setzte die norwegische Flagge. „Wolf" setzte, um unerkannt zu bleiben, die englischen Farben. Gegen Abend merkten wir, daß der Segler seinen Kurs änderte. Da stimmte also etwas nicht. An Hand unserer

Schiffslisten wurde festgestellt, daß es wohl ein Neutraler war, daß er aber für die englische Regierung fuhr. Eine 15-Zentimeter-Granate aus großer Entfernung sorgte dafür, daß er gleich anhielt. Es war der Norweger „Storo Brore" mit einer Weizenladung nach Montevideo unterwegs. Leute und Proviant kamen auf „Wolf" und nachts um halb zwölf Uhr versank er für immer. Die Gefangenen erzählten uns später, daß im Indischen Ozean 17 Kriegsschiffe hinter „Wolf" her seien. Hohe Belohnungen seien auf seine Vernichtung ausgesetzt. Der Engländer sollte im Indischen Ozean ruhig weiter nach uns suchen; denn dort war er weit vom „Wolf" entfernt.

Am 10. Januar waren wir auf dem Äquater, noch etwa 8000 Kilometer, und wir sind in der Heimat. Am 17. Januar erhielt „Wolf" wieder die erste Funknachricht von Nauen. Unter anderem wurde gemeldet, daß die deutsche U-Bootsperre bis in den Südatlantik ausgedehnt sei. Wir befanden uns schon in diesem Gebiet, konnten also gewärtig sein, von eigenen U-Booten torpediert zu werden.

Sturmfahrt durch den Nordatlantik

In zwanzig Tagen sollten wir wieder zu Hause sein. Jeder Tag wird gezählt. Am 22. Januar kam ein dänischer Segler in Sicht, den wir aber ungestört ließen. Im Nordatlantik müssen wir mit dem Kaperkrieg vorsichtig sein, damit nicht schon vorher gemerkt wird, daß "Wolf" auf der Heimreise ist. Abends hören wir von zwei deutschen U-Booten Funksprüche. Gern hätten wir eins angerufen, in dem Augenblick hätten wir uns aber selbst verraten. Am 23. Januar kam unser Spanier wieder in Sicht. Mittags um 1 Uhr wurden Hilferufe von einem englischen Dampfer gehört. Er wurde von einem deutschen Unterseeboot angegriffen. Freunde in unserer Nähe, und doch nicht zu erreichen! Nachmittags um 4 Uhr derselbe Funkspruch. Die U-Boote scheinen hier aufzuräumen. Der Dampferverkehr war rege. "Wolf" aber hatte mit dem Kaperkrieg abgeschlossen.

Am 26. Januar setzte Windstärke 9 ein, die sich am folgenden Tage auf Windstärke 11 steigerte. "Wolf" stand zeitweise auf dem Kopf. Da an diesem Tage Kaisers Geburtstag war, gab es seit langer Zeit einmal wieder Schweinebraten, Rotkraut und — frische Kartoffeln. — Die Kartoffeln abgezählt! Wie sehr hatten wir uns auf dieses Essen gefreut, und wie bald sollte alles zu Wasser werden! Mit Mühe und Not war das Essen bis an die Back (Tisch) geholt. Sämtliche Bänke und Backen waren angeseilt. Jeder hatte seinen Eßnapf in der Hand. Da plötzlich ein Stoß, ein Krach — ein gewaltiger Wasserberg ging über „Wolf" hin. Bank oder Back und Spinde, alles flog wild durcheinander. Sich auf den Beinen zu halten, war in diesem Augenblick nicht möglich. Also: Rette sich wer kann! Alle Mann hingen an den Hängemattenstangen und machten Klimmzüge, wenn Tische und Bänke von einer Schiffseite nach der andern rollten. Unser Schweinebraten samt Rotkraut und Kartoffeln, schwamm im Wohnraum umher, in dem das Wasser zehn Zentimeter hoch stand. Die Freude war zu früh gewesen.

In welcher Gefahr „Wolf" geschwebt hatte, davon wurde uns später erzählt. Infolge des hohen Seegangs hatte „Wolf" viel Wasser übergenommen. In die Abzugskanäle war Asche und Kohle geraten, und gerade als die See am schwersten war, versagten die Pumpen. Die Saugkörbe waren verstopft. Höher und höher stieg das Wasser im Heiz- und Maschinenraum. Bis an die Brust im Wasser stehend, versuchte das Maschinenpersonal diesen Übelstand zu beseitigen. Alles war vergebens, bis ein Taucher an den Saugkörben die Störung beseitigte. Wir sollen dem Untergehen nahe gewesen sein.

Am 29. ließ der Wind etwas nach, trat aber am folgenden Tage um so heftiger auf. Am 3. Februar kam ein Dampfer in Sicht. Da es inzwischen dunkel geworden war, schoß "Wolf" zwei Leuchtsignale, die aber von drüben falsch verstanden wurden. Wir wußten nun nicht, ob es der Spanier war oder ein anderer. Des Nachts wurde daher Kriegswache gegangen. Am andern Morgen erkannten wir unsern Spanier. Leutnant Rose erstattete Bericht über seine Fahrt. Da "Igotz Mendi" sehr hoch aus dem Wasser ragte, mußte er noch mehr unter dem schweren Wetter gelitten haben. Leutnant Rose meldete, daß der Spanier sich im Rollen überrollt habe, es muß also ganz schlimm gewesen sein. "Igotz Mendi" war auf der Fahrt zu uns an zwei englischen Hilfskreuzern vorbeigefahren. Da man ja nicht wissen konnte, ob der Engländer unseren Spanier anhielt, hatte Leutnant Rose zur Vorsicht zwei Sprengpatronen anbringen lassen, um im Falle des Anhaltens das Schiff gleich sprengen zu können. Ein falscher Spanier hatte die Sprengpatronen abgeschnitten, war aber dabei erwischt worden. Er wollte dem Engländer das Schiff in die Hand spielen. Der Spanier kam in Haft, und es wurden von "Wolf" noch weitere

14 Mann abkommandiert. „Igotz Mendi" hatte beim Passieren der englischen Hilfskreuzer die spanische Flagge gesetzt.

Am 6. Februar befand sich „Wolf" an der Südspitze von Island. Heftiges Schneetreiben setzte ein, und vereinzelt kamen Eisblöcke in Sicht. Abends wurde festgestellt, daß der Kapitän des japanischen Dampfers „Hitachi Maru" verschwunden war. Das ganze Deck wurde abgesucht, da vermutet wurde, er könnte einen Anschlag auf das Schiff ausführen. Nirgends war eine Spur zu entdecken. Er war über Bord gesprungen. In einem hinterlassenen Briefe gab er an, vor seiner Regierung die vielen Todesopfer, die sein damaliges Verhalten verschuldet hatte, nicht verantworten zu können. Gleichzeitig setzte er die Besatzung seines Dampfers zu seinen Erben ein.

Es ist der 9. Februar. Wir wissen nicht, wo wir sind, da schon zwei Tage keine Sonne oder Sterne zu sehen sind, wonach der genaue Schiffsstand festgestellt werden kann. Kreuz und quer ging die Fahrt. Nach den Berechnungen mußte „Wolf" die Dänemarkstraße bereits passiert haben. Die großen Eismassen waren ein Zeichen hierfür. Mit dem Spanier wollten wir uns nochmal treffen, es war aber bei dem undurchsichtigen Wetter ausgeschlossen. Da „Wolf" nur sehr langsame Fahrt machte, war der Turritella-Kapitän der Ansicht, daß man zu Fuß schneller nach Deutschland käme als wir mit dem „Wolf". Bei uns aber hieß es jetzt: „Langsam, aber sicher!"

Interessant war es, wie ein Teil der Gefangenen, die in Ihrem Leben noch keinen Schnee gesehen hatten, sich hier im hohen Norden benahmen.

Am 9. Februar mittags kam die Sonne zum Vorschein. „Wolf" befand sich auf dem 63. Breitengrad. Die Fahrt ging durch die Faroerinseln und Island hindurch. Eine der gefährlichsten Stellen, die „Wolf" zu passieren hatte. Hoffentlich geht alles besser als wir denken, denn es wäre vom Engländer nicht schön gewesen, uns, nachdem wir uns 15 Monate draußen umhergetrieben hatten, kurz vor der Heimat abzufangen. Von den Gefangenen durfte keiner mehr an Deck. Ruhe zum Schlafen fand niemand. Ein richtiger Bohnenkaffee, der extra für diesen Zweck aufgespart war, sorgte dafür, daß man munter blieb. Wir fuhren südöstlich. Verschärfte Kriegswache zog auf, da in der Nacht eine Kreuzersperre zu passieren war.

Bei anbrechender Dunkelheit Kurs Nordost. Zu sehen gab es nichts. Die Funkentelegraphie unserer Kreuzer war zu hören. Abends passierte „Wolf" die letzte englische U=Bootssperre. „Wenn alles hier gut geht, sind wir von Island frei!" Und es ging gut.

Die Gefangenen hatten vor dem Durchbruch große Angst. Man kann es ihnen ja nachfühlen, zumal, da sie ja nicht auf Deck durften. Den ganzen Tag hatten sie Schwimmwesten angelegt. Die englischen Offiziere waren alle erbost, daß von dem Engländer mit seinen vielen Schiffen nichts zu sehen war.

Am Abend hören wir den Funkspruch eines englischen Kreuzers in unserer Nähe. Bei sternklarem Himmel verlief alles ruhig. Vom Feinde war nichts zu sehen. Seit Mittag fuhren wir Südost zu Ost. Der Kurs ging auf Bergen.

Die Heimkehr

Um 5 Uhr kamen wir an unserer deutschen Minensperre an. Wie bei der Ausfahrt lag das Kanonenboot „Panther" auch wieder da. Unser Signal: „Hilfskreuzer ‚Wolf' kehrt zurück" wurde nicht beantwortet. Auch auf ein zweites Signal kam keine Antwort. Sollte die Heimat „Wolf" vergessen haben?

Wir drücken uns deutlicher aus. Mit dem großen Scheinwerfer Signal: „Deutscher Hilfskreuzer ‚Wolf', Kommandant Korvettenkapitän Nerger, November 1916 ausgelaufen, kehrt zurück." Mißtrauend kam die Antwort: „Komme selbst an Bord". Ein Boot, besetzt mit einigen Leuten und demselben Kapitänleutnant wie bei der Ausfahrt, legte bei uns an.

Es kam nun heraus, warum man mit der Antwort gezögert hatte. Der Engländer hatte „Wolf" als vernichtet gemeldet, und nun glaubte die „Panther"-Besatzung, daß unter der Maske des „Wolf" der Engländer versuchte, bei uns durchzukommen, um Minen zu legen.

Unsere erste Frage an den Kapitänleutnant war, was gibt es Neues in der Heimat, und wie sieht es mit Rauchwaren aus. Neuigkeiten gab es nicht viel. Vom Admiralstab war die ganze Besatzung des „Wolf" für tot erklärt. Am 15. Februar hatten die Eltern die Nachricht erhalten.

Der Admiralstab konnte auch wirklich nicht wissen, daß unsere Fahrt bis zum Schluß geglückt war. Ein deutscher U-Bootskommandant hatte im Mittelmeer einen Segler versenkt, und der Kapitän dieses Seglers wollte einige Tage vorher im Mittelmeer von „Wolf" angehalten worden sein. Tatsächlich waren wir aber dort nie gewesen. Er beschrieb das Schiff und alles genau. Der U-Bootskommandant nahm den Kapitän mit, und er machte in Berlin dieselbe Aussage. Gleichzeitig hatte der Engländer gemeldet, daß er „Wolf" gestellt habe und seine Vernichtung nur eine Frage von Tagen wäre. Vom Admiralstab erhielt „Wolf" einen Funkspruch, daß wir, falls es möglich sei zu entkommen, unsere Heimfahrt für den November 1918 verschieben sollten. Die deutsche Flotte wollte uns dann an der norwegischen Küste abholen. Da wir aber zu dieser Zeit in der Südsee lagen, konnte uns dieser Funkspruch nicht erreichen.

Weiter stellte sich heraus, daß die Signale inzwischen geändert waren. Hätte uns daher ein deutsches U-Boot im Atlantik gesehen, so wären wir sicher torpediert worden.

Ohne jegliche Hilfe hatte „Wolf" seinen Heimatshafen gefunden.

Weil der spanische Dampfer mit den Gefangenen noch nachkommen sollte, durfte „Wolf" nicht gleich einlaufen. Es kam auch von den Sperrfahrzeugen niemand mehr an Land, um unser zweites Schiff nicht zu gefährden. Sobald „Igotz Mendi" erscheinen würde, sollte dann gemeinsam in Kiel eingelaufen werden.

Jeder Tag verging jetzt mit Arbeitsdienst. Der Schneider machte sich daran, den Heimatswimpel fertigzumachen, den jedes Schiff führt, welches länger als ein Jahr im Auslande war. Die Zeit wollte aber nicht vergehen. „Igotz Mendi" kam und kam nicht. Am 23. Februar 1918 kam die Nachricht, daß „Igotz Mendi" an der norwegischen Küste gestrandet, die Besatzung und Gefangenen aber alle gerettet seien. Nun stand dem Einlaufen nichts mehr im Wege, und es kam endlich der Befehl: „Wolf" solle Sonntag, den 24. Februar 1918 in Kiel einlaufen."

Um 5 Uhr morgens wurden die Anker gelichtet. Feiertagsstimmung lag auf „Wolf". Der Heimatwimpel wurde gehißt; mit sämtlichen gekaperten feindlichen Flaggen wurde über die Toppen geflaggt. Die Glocken in Kiel fingen an zu läuten. Der Strand war von Menschen dicht besetzt. Sämtliche in Kiel liegenden Kriegsschiffe empfingen uns mit Hurra. Es waren feierliche und, wie ich glaube, die schönsten Lebensstunden für jeden einzelnen von uns.

Mittags um 1 Uhr wurde „Wolf" festgemacht.

Gefangene kommen an Bord (S. 15)

Geschützreinigen an Bord (S. 70)

Sturm im Nordatlantik (S. 91)

Wir waren daheim. Hoher Besuch kam auf „Wolf". Jeder war neugierig. Die Gefangenen kamen gleich von Bord, Kranke und Gebrechliche wurden dem Lazarett überwiesen.
Vierzehn Tage lag „Wolf" noch in Kiel. Jeder freute sich auf den ersten Landurlaub. Es fiel uns aber wirklich schwer zu laufen, nachdem wir die lange Zeit keinen festen Boden mehr unter den Füßen gehabt hatten.
„Wolf" fuhr dann nach Lübeck, um die kostbare Ladung zu löschen. Jeder von uns bekam zwei Monate Erholungsurlaub, und unser treuer „Wolf" wurde außer Dienst gestellt.
Später mußte er dann den Franzosen ausgeliefert werden. Kurze Zeit nach der Auslieferung soll er untergegangen sein.
„Wolf" hat während seiner 451tägigen Fahrt 13 Schiffe selbst versenkt und 240 000 Tonnen Schiffsraum durch Minen vernichtet. Die mitgebrachte Ladung hatte einen Wert von 40 Millionen Mark. Das einzige im Krieg erbeutete japanische Geschütz wurde von „Wolf" eingebracht. 64 000 Seemeilen, fast dreimal den Umfang der Erde, haben wir während dieser Zeit zurückgelegt.
Mit viel Glück und großer Umsicht war es unserm Kommandanten, Fregattenkapitän Nerger, gelungen, glücklich in der Heimat zu landen.
Die uns gestellte Aufgabe war erfüllt!
Deutscher Seemannsgeist hatte gesiegt!